2011 不求人文化

2009 懶鬼子英日語

2005 意識文化

2005 易富文化

2003 我識地球村

2001 我識出版社

2011 不求人文化

2009 懶鬼子英日語

I'm 我識出版集團
I'm Publishing Group
www.17buy.com.tw

2005 意識文化

2005 易富文化

2003 我識地球村

2001 我識出版社

（圖解）

大人的人脈學

Illustrations for Adults' Networking

靠關係就能佔先機的
16個生存攻略

跟著本書一步步擁有黃金人脈！

Step 1

每道攻略都以一則漫畫作為開場白，讓你自然融入情境。

攻略
01 你的善良必須要有底線

說明 | 底線是什麼？有人說底線就像是地平線，你看得到的時候，它就在你腳下；你看不見的時候，它仍存在你心底。

運用 | 面對各種情況，都要保守自己的原則，底線，並且不要觸碰別人的底線，才能在社會中長久存活。

Step 2

不時穿插的圖解和插畫，讓你更輕鬆無負擔地吸收內容。

我們處世辦事之前，先把自己的心胸變大，不要侷限於小小的困難中，因為那樣往往會把你自己困在一個小範圍之內。路寬了，做事就會輕鬆許多。我們應銘記一個道理：快樂的生活是自己創造的，只有放開心胸的人，才能夠在人生路途上笑對困難，勇往直前。

■ 當你陷入負面的思考時，可以試著轉念：

「明天就要考試了，我現在很害怕，如果沒通過就要重新再來。」

認知自己當下的情緒

「如果我合格的話就有機會進入夢想的公司。」

將對失敗的想像轉換為成功的憧憬

「依照學習的內容一步步答題完成考試。」

往目標前進

Step 3

每道攻略最後都為你貼心總結重點，增強印象、方便複習才會熟能生巧！

👍 **攻略摘要**

人皆有善性，也有劣性。辦事時要揣其性而授其法。有時可循其善性而為之，有時也可循其劣性而為之。一個人要想在工作中順遂如意，單靠勤勤懇懇地埋頭苦幹是不夠的，還必須會說話、會辦事。所以掌握好憑心力致勝的技巧，是我們工作出色、事業有成的一大法寶。

而要想通融事，必先通融人。不先搞定人，就很難把事搞定。而搞定人的方法有很多，「投其所好」便是最有效的方法之一。俗話說：「不怕對方不上臺，就怕對方沒愛好。」所以，與其苦心孤詣地琢磨事，不如盡心竭慮地琢磨人。畢竟，把人的事弄明白了，事情也就搞清楚了。把人的事處理妥當了，事情也就搞定了！

Level 1 學待人之前，先做好你自己！

剛到新手村，當然要先好好裝備自己。與人交際之前，必須先釐清觀念、樹立原則，才能好好保護初心與熱情。在這一關裡，你必須學會堅持自己的底線，不受外界影響，並秉持尊重的精神待人。

呵護關係，人人都是養成系神隊友！

找到隊友後，還必須細心保持關係才不會眾叛親離。在這一關中，你會學到如何透過一些不起眼的動作維護我們習以為常的關係，並保持謙遜、躲避潛在的危險與敵人。

Level 3 主動出擊，取得珍貴專業人脈！

儘管集結了人馬，但還是缺少關鍵的夥伴。想結識具有專業技能的人才，只靠謙虛待人是不夠的，還必須主動出擊留下印象！這一關裡，你必須藉由一些小技巧，才能在運用讚美的同時從複雜關係中全身而退。

90%的困難，都可以靠同伴過關！

得到了黃金人才，還得學會運用，並且保有自己，才能鞏固人脈實力。在這一關中，你得培養自律的態度，和對自己的信心，並且維持基本的防人之心，適時予人面子，才能笑到最後！

90%的困難，
可以靠朋友解決！

我們天天都在做兩件事：「做人」跟「做事」，很多人都覺得做人比做事難，為什麼呢？大多數的答案都是「事情是死的，人是活的」。的確，面對一個不會有反應的事情，比面對一個搞不清楚內心想法的人來得容易許多。但你有沒有想過：事情要成功，靠的也是人。

我覺得做事跟做人都是一樣的，除非所有的事情你都可以靠自己完成；我也覺得做人和做事都是一樣容易的，關鍵在於「你是否有建立好的人脈」。

談到人脈，大家腦海中浮現的應該就是業務員、保險員、仲介、記者、掮客、獵人頭公司……等等，認為只有這些人才需要結交朋友、重視人際關係，我必須嚴格地說「這個觀念是錯的」！建立人脈網是現在這個社會中，男女老少都需要具備的能力。

而所謂的人脈網不是像撒網捕魚一樣，只要交友清單上的名字愈多，就代表你的人脈愈廣。重點在於你跟對方四眼相對時，對方是不是能叫得出你的名字？你是否能和對方聊上幾句？當你提出需求，對方是否願意幫忙？

好的人脈是需要深耕的，你的做人做事方式，都會影響到你能否獲得社會認同、被上司賞識、受下屬擁戴、為同事喜歡、得朋友幫助和受異性依戀，你的所作所為都會影響到人脈網建立，這都需要時間、需要累積。

如果一個人想要成功，就必須有個寬廣的人脈網作為後盾，有句話說「一個人能否成功，不在於你知道什麼（what you know），而是在於你認識誰（who you know）」。不管是年輕學子、社會新鮮人、職場菜鳥、公司執行長，想要做好一件事情，都需要人脈的指點和提攜。就算現在網路發達、資訊查找便利，我們仍然無法一個人完成所有的事情。且在這個分工精細的社會中，找到對的人比找到人來得重要許多。

再舉一句話來說「天時不如地利，地利不如人和」，這邊的「人和」指的就是「人脈」，掌握好的人脈，就掌握了事情順利發展的關鍵。而如何建立好人脈，學校沒有教、父母也沒有講，但這是社會人是絕對需要具備的武器。

一個人做事會做到死，不是被累死，就是被人用暗箭射死。就像現在很流行的陣營遊戲一樣，光靠一個人是無法攻城的，勢必要有群一起奮戰的隊友才有機會攻破對方陣營，在社會生存也是一樣，孤軍奮戰是沒有用的，找到隊友才是真的。

如同我很喜歡這本《圖解大人的人脈學：靠關係就能佔先機的 16 個生存攻略》的一句文案「再怎麼努力，都不如好人脈有力」，但我希望再補充一點：如果你不努力經營，是不會有好人脈的。

期許這本書能夠帶領大家重新思考人脈的定義，也希望能夠幫助大家建立自己的人脈關係網，使其成為最強大的靠山，幫助大家邁上成功的道路。

2020/2

特質分析

　　想了解他人之前要先了解自己，找出自己是屬於哪一種性格的人，進而發展不同的人際策略，找到最適合自己、最舒服的交際模式！

公雞型

好奇心旺盛、想像力豐富，喜歡嘗試新事物、討厭陳規舊矩，心態開放、藝術性強。常表達出人意表的巧思，適合創新型工作。

野馬型

樂於交際、充滿活力與熱情、有自信。喜歡人群，在團體中屬於活躍的角色，較不能忍受孤單。適合擔任領導的管理層或業務相關的工作。

海馬型

負責任、喜歡秩序、有條理，會努力完成目標。個性較細心，對自我要求高，也具有企圖心和野心。

海豚型

合作度高、有禮貌、願意相信人，並溫柔富有同情心。樂於助人、善解人意，是團體中重要的潤滑角色。

松鼠型

較缺乏安全感，容易緊張、感到焦慮，情緒起伏較大。容易因為挫折而心情抑鬱，也容易因為小事欣喜若狂。

每個人的特質並不能單純分為一類，而是像光譜一樣，每個特質有所高低混合而成，因此在摸索自己的人際策略時，必須慢慢調整，才能找到最適合自己的方式喔！

公雞型 ⇨ 公雞型的人心態較為開放，願意嘗試很多新的東西，包括認識陌生人，具有拓展新人脈的能力。但須小心的是，公雞型的人有時講話、行為會過於直白激烈，可能造成他人的不適或困擾，對維護人際關係而言是一大挑戰，需要多加練習管理自己的口舌和行為。 ⇨ **攻略05**
換位思考，
不是說說而已

海馬型 ⇨ 海馬型的人責任感很重，習慣按部就班完成目標，為人穩重、細心，是讓人感到很可靠的存在。不會躁進的性格善於經營較長久的關係，但也可能因此錯失認識人才的機會，需要透過一些主動的行為才能打開人脈網。 ⇨ **攻略10**
嘴甜讓你處處逢源

松鼠型 ⇨ 松鼠型的人常會讓人覺得很難相處，因為缺乏安全感的關係，容易有大起大落的情緒，可能波及周遭的人。這類型的人除了需要練習控制自己的情緒以外，也可以透過培養信心，慢慢抓住生活重心，為自己招來更多好人緣。 ⇨ **攻略06**
抽離當下，
別讓情緒控制你

海豚型 ⇨ 海豚型的人有豐富的同情心，能夠站在對方的角度著想，是親和度很高的類型，通常擁有不錯的人緣。但這類型的人需要注意周遭的人，太低的戒心容易遭人利用或陷害，必須學會如何保護自己。 ⇨ **攻略15**
相信人，
不如「相信對的人」

野馬型 ⇨ 野馬型的人是交際高手，渾身充滿自信與活力，常常一出現就成為眾人焦點，在人群中相當活躍，也容易吸引人才到他身邊。但要注意在眾星拱月的情況下容易過於驕縱，這在經營關係的時候是個大忌。 ⇨ **攻略13**
給人面子，留著裡子

Level 2

068 呵護關係，人人都是養成系神隊友！

Level 3

Level 4
90%的困難，都可以靠同伴過關！

Level 1

學待人之前，
先做好你自己

說明｜底線是什麼？有人說底線就像是地平線。你看得到的時候，
　　　它就在你腳下；你看不見的時候，它仍存在你心底。

運用｜面對各種情況，都要保守自己的原則、底線，並且不要觸碰
　　　別人的底線，方能在社會中長久存活。

鬆動的底線，讓成功搖搖欲墜

有句古語說：「良心是做人的底線，良知是讀書人的底線。」

說到底線，一般人聯想到的往往是籃球場、足球場上畫的出界標誌線，這既是一種範圍的界定，也是制約運動員行動的界限。同樣的，做人也和那顆球一樣，有著自己的一套遊戲規則，有著自己的原則，一旦你越過這條線，那麼帶給你的就不僅僅是出界這麼簡單了。球出界了，可以撿回來。可是你呢？丟失了自己，還能找到原來的路嗎？

曾經有一位技藝精湛的木匠，一直誠懇勤奮地效忠他的主人，主人對他也是百般呵護。木匠曾向主人吐露心聲，表示這一生都要為他賣力，以報其知遇之恩，生就一副軟心腸的主人亦因此感激涕零。

有一天，主人吩咐木匠選用最好的木料建造一棟結實的木屋，但他並沒有說明木屋的用途，只是再三叮囑木匠一定要用心去建。木匠卻暗自揣測，主人把木屋建在離村莊較遠的荒野，門前還要開墾幾十畝荒地，看來他不是要種瓜就是想種菜，根本就不需要用那麼結實的木料，只要能夠支撐一陣子就算萬事大吉了，於是木匠生平第一次替主人做主，決定挑選那些朽木殘樣來搭建木屋。木匠很慶幸，自己終於在主人要求的時間內按時交差。沒想到，主人此時才語重心長地說出建造木屋的原因，原來為了感激木匠多年來一直為他奔走效力，所以他要把這棟木屋賞賜給木匠，門前的荒地也是要贈與木匠，讓他能夠自立門戶，從此不再貧困。

為主人辛苦大半生的木匠，憑著高超手藝，為主人建造了無數的木屋，可是輪到替自己建屋時，卻恰巧搭建了一棟次品木屋，如此行家手下的敗筆之作卻只得自己承受。這是木匠的悲哀，又何嘗不是對他守不住自己底線的懲罰。

　　切記，請謹守自己的底線，明白自己該做什麼，不該做什麼，可以試著做什麼，不可以試著做什麼，如此一來你就不會出現閃失，不會像那位自作聰明的木匠一樣。其實人生中有許多纏繞你的問題、難題，有主有次，有輕有重，一個解決不了，往往會產生連鎖反應，使你縱然有再大的本事，也難以施展開來，導致痛苦難言。

　　此時，唯有守住底線，在合乎底線的範圍內施展自己的計畫、目標和行動，這樣才能踏實，處於不敗之地，而不用擔心遭到毀滅性的打擊。

▎若執著於眼前的利益，忘記自己底線，很有可能走向失敗。

底線是為人的基石

俗話說萬丈高樓平地起，羅馬也不是一天建成的。世間無論什麼事都需要一個基礎，一個可以幫助你落腳的地方，就連聲稱可以撬動地球的阿基米德也需要一個支點。

這說明了，成功必須要有一個基礎，當然這個基礎可以是有形的，也可以是無形的。而底線就是無形的基礎。

做人章法各有不同，處世方式也風格迥異，但是底線卻是共同的。底線雖然看起來只是一條線，卻是作為衡量標準的座標，它時時刻刻都在影響著你的判斷、你的行動。太過了，結果往往是冒險有餘，穩中求勝不足，只會把自己逼上絕境，逼向失敗，最後甚至無法挽回；這種人往往自以為是，盲目相信，敢衝敢撞，過於自大而越過底線。但若是不及，結果往往是穩健有餘，失去了難得的機遇，讓自己捶胸頓足，痛苦不已，這種人常常缺乏自信，思前想後，縮頭縮腦，這是自卑而困於底線。

聰明人永遠能守住底線，用心做事，儘管看起來糊塗；而糊塗人則總想越過底線，雖然看上去聰明，但卻常做蠢事。而這兩種不同的處世方式，兩種不同類型的人，人生結果自然也大相徑庭。當然在與人的相處上，想要擴展自己的人脈網絡，你也必須謹守著自己的底線，有所為有所不為，否則你不僅無法建立好的人脈，反而還會因此壞了自己的名聲。

「又沒有人會知道！」「但我自己知道呀！」

楊震是東漢時期的名人。他早年從事教育工作，在地方上開辦私塾傳道授業，且他為人正直，名譽清白，所以備受人們的推崇，在鄉里擁有很高的威望。朝廷也非常珍惜他這個人才，於是提拔他擔任荊州刺史。

楊震為官有個最大的特點就是善於發掘人才，許多有才華的人都因為他的推薦得以飛黃騰達，王密就是其中一個。起初，王密只是荊州地區的一位名士，後來受到楊震的舉薦，擔任山東昌邑縣的縣令。

王密在享有名氣後，便時時想起楊震對自己的幫助。心想要不是楊震的推薦，自己還不知道得等到哪天才有出頭之日呢！因此他決定藉機報答楊震的知遇之恩，以表示自己的感激之情。

兩年後，楊震被調往山東東萊擔任太守。王密覺得這是一個再好也不過的機會，因此盛情邀請楊震在上任途中務必到昌邑敘敘舊情。盛情難卻之下，楊震只好在昌邑停留了幾日。王密生怕有所怠慢，便安排得無微不至，吃穿住行都不用楊震操心。

臨別前一晚，當楊震正要入睡時，王密推門進來並客氣地說：「當初如果沒有大人您，也就沒有今天的王密，這份恩情我不知該如何報答。這是一點心意，送給您作為盤纏。」語畢，就從身後掏出十斤黃金。

楊震見狀大吃一驚，趕緊好言勸道：「盤纏我還是有的，你不

必操心。況且我平生向來以清廉嚴格要求自己，你又不是不知道我的脾氣，所以還是收起來吧！」

王密回答說：「這只是我的一片心意，既不是行賄，也沒有買官進爵之意，完全是我們個人的交情。何況現在天色這麼晚了，這件事情誰也不知道，您就放心收下吧！」

但楊震在對待這件事情上是非常認真的，見王密執迷不悟，而且還說得有條有理，不禁心生怒氣地訓斥：「你不要再說下去了，今天的事情已經有四個人知道了，這便足夠我拒絕你！」

王密好奇地問：「怎麼會有四個人呢？」

「天知、地知、你知、我知！這難道還不夠多嗎？」楊震回答得擲地有聲。王密只好慚愧地收拾起那些黃金，悻悻地離開了。

俗話說：人無橫財不富。楊震在做官期間，為政清廉，從來不收受任何禮品和禮金。全家人也沒有因為他做官而享受過一天的安逸，仍然和以前一樣，過著儉樸的生活。當然也有人善意地勸說他應該趁現在做官之便，置辦一些田產和房屋，為子孫後代留條退路。但每次楊震都堅定地說：「我一輩子沒有沾染上有損我清白的事情，一旦上了貪船，什麼時候靠岸就由不得自己了。這種事情我不會做的，當著別人我不會做，我一個人的時候也不會做！」

「那你能為子孫們留下些什麼呢？」旁人問。

「別人都會說他們是清官的後代，這筆遺產就夠他們受用一生

了！」楊震自豪地回答。

後來楊震的後人為了紀念他，也為了好好教育後代，便特意把書房命名為「四知堂」。而楊震的品德也從此被人廣為傳頌。

相較之下，東漢的王莽就是個沒有守住自己底線的例子。王莽幼時父兄早亡，因此他孝母尊嫂，生活儉樸，飽讀詩書，結交賢士，聲名遠播。做官後也是禮賢下士，清廉儉樸，常把自己的俸祿分給門客和窮人，甚至還會賣掉馬車接濟窮人，深受眾人愛戴。其叔父王商更上書願把其封地的一部分讓給王莽。連他的兒子殺死家僕，王莽都逼兒子認罪伏法，得到世人好評，因此王莽不論在當時的朝廷，還是民間都享有很高的聲譽。後來王莽任大司馬，兼管軍令及禁軍，手握實權；同時還是皇帝的老丈人，位列諸公之上，可謂榮華富貴，位極人臣，深受上天眷顧。

但是，王莽最後卻沒有善終，死前還被割舌，這是為什麼呢？就是因為他沒有守住自己的底線，在讚譽面前他變得飄飄然，開始不滿足屈居人下，於是他透過篡位來獲取更大利益。但事實證明他錯了，很快地，他就在農民起義前敗下陣來，死後還留下終身罵名。

攻略摘要

　　你說底線重要嗎？答案是肯定的。就做人而言，你以誠信、公正待人，不以暗算、邪招治人，這就是最簡單、最明瞭的底線問題。前者能夠把誠信、公正變成人生的資本，即使在某些方面你有所失，但你贏得了更多的信任。那擁有信任能做什麼呢？信任能保證你與他人之間不用相互提防，是以把事做順、做好為第一要務。

　　但信任、坦誠不是沒有原則的，有很多人就是因為盲信身邊親近的人，結果被暗算，甚至步向非常危險的境地。所以把防人的底線毀掉，也是不智的，許多歷史故事便證明，這是最大的失敗。

原則是最基本的事實，是行為的準則，讓你從生活中得到想到的東西。

Principles are fundamental truths that serve as the foundations for behavior that gets you what you want out of life.

——《原則：生活和工作》

攻略 02 優秀做人，成功做事

說明｜做事和做人是在這世上不可避免遇到的課題，在兩者之間，
做人尤為重要。人們常說：「三分精力做事，七分精力做
人。」只要做人成功了，那麼想成事也就容易多了。

運用｜除了以基本的誠實、尊重原則待人之外，小細節也不得馬
虎，要知道一個人的品格和態度往往展現在細微之處。

　　我們都希望自己在別人的眼裡擁有高大的形象。其實，一個人在別人眼中的形象高大與否，並不取決於你站在什麼樣的位置，也不在於你有多少存款、開什麼樣的車，而在於你待人接物的態度和方法。一個具有高尚人格和廣闊胸襟的人，才能獲得別人的尊重，贏得專屬的人脈。全台走透透的老 A 雖然只是夜市擺攤的小販，但是每個跟他接觸過的人，沒有因為這樣就看輕他，相反的，每個人都很尊敬他。在一次和他的交談中，我問他有怎麼樣的訣竅，能讓眾人如此尊重他時，他便和我分享了一個故事。

　　小和尚覺緣曾經跟一位知名的畫家學畫。他每次去老師家時，都能看到有青年學畫者登門求教，老師也總是耐心指點，一點兒都不覺得厭煩，常常耗費大半天的時間教畫。對於那些有藝術潛力的青年，老師甚至還親自示範，不惜花費更多的時間和精力。

　　覺緣覺得老師實在太辛苦了，而且他這樣提攜後輩還完全是義務免費的。一天，覺緣終於忍不住問老師說：「老師，您何必這樣親力親為呢？您隨便畫一幅畫就能賣許多錢，多畫點畫多好，何必把時間浪費在這些不知名的小人物身上呢？」老師聽了，稍微愣了一下，隨即笑著跟覺緣說：「40 年前，有個熱愛畫畫的無名小輩帶著自己的作品來到城裡找自己仰慕的畫家，希望能得到他的指點。他站在畫家門口，結結巴巴地說明自己的來意，沒想到畫家連畫軸都沒有接過去，就下了逐客令，冷冷地說：『我又不認識你，你回去吧！我很忙。』青年眼中的崇敬慢慢變成鄙夷，在他轉身要走的時候，又回過身對畫家說：『老師，您現在站在山頂，往下看我這個無名小卒，把我看得很渺小。但您也該知道，我在山下往上看

您，您也是同樣渺小。』說完便揚長而去。」

「銘記著這個教訓，青年自此刻苦學畫，終於有了名氣。當人們爭相追捧他的時候，他時刻提醒自己，一個人的形象是否高大，並不在於他的位置、名氣和技藝，而在於他的人格、胸襟、修養。」

小和尚聽完，若有所思：「老師，那個青年人難道是……。」

「沒錯，那個人就是我。」老師微笑著回答。

就在那天，畫家特地畫了一幅畫送給覺緣。畫上是一座山峰，山頂有一個人往下看，山下有一個人向上看，兩個人果然是一樣大小。

英國著名歷史學家湯恩比（Arnold J. Toynbee）說過：「人若要想被尊敬，就必須謙虛。的確，尊嚴是種人格，但這樣說還是不甚明確，也不完整。若要形容人品德高貴而富有尊嚴，這只限於沒有私心的、利他的、富於憐憫的、有感情的、肯為其他生物和宇宙獻身的這種情況。」

人在失意的時候得罪了人，可以在得意的時候彌補；然而在得意的時候得罪了人，卻不能在失意的時候彌補。年輕的初學者，千里迢迢遠道而來，只為了讓畫家指點一二。他沒想到的是，技藝高超的畫家，在品德上卻沒有同樣的修為。當畫家拒絕青年時，他在青年心中崇高的地位也隨之坍塌。

可見得，人只有懂得尊重他人後，才能換得他人的尊重，對師

長如此，對學生如此，對待敵人和對手更是如此。正是這樣的態度，才使得老 A 和什麼人都能交往，而任何人也都很尊重老 A。

要想贏到尊敬，你得先學會尊敬別人

同樣的道理在西方也適用。美國開國元勳富蘭克林只用了一夜的時間，就成功地讓一個對手轉變為他終生的朋友。

在一次州議會的複選中，富蘭克林被推舉為賓夕法尼亞議會的書記員。就在選舉的緊要關頭，一位新當選的議員在正式投票前為難他，公開發表了一篇反對演說，不僅措辭尖銳，還缺乏起碼的尊重，把富蘭克林批駁得體無完膚。

面對這出人意料的狀況，富蘭克林該怎麼辦？有人勸他和那個議員進行針鋒相對的辯論，同時也寫一篇演說進行回擊。但是富蘭克林並沒有這樣做，他說：「這位新進議員是個十分有名望、有修養、有才識的紳士，我想，他對我可能只是有所誤會，才做出這樣的舉動。當然，我並不想為了取得他的好感，而在他面前擺出一副卑躬屈膝的樣子。我要用另外一種更恰當、更有效的方法。」

原來，富蘭克林聽說那位新議員收藏了幾部十分名貴而罕見的書籍，於是就寫信給他，表示自己想讀一讀這些珍貴的書籍，希望他能答應。在信中，富蘭克林絲毫沒有提到反對演說的事，而且措辭優雅，對議員先生也很尊敬，充分體現了紳士風度。

果然不出富蘭克林所料，議員一接到他的信，就派人把書送過

來了。一周後，富蘭克林按時歸還那些書籍，還附上一封熱情洋溢的感謝信，表達他衷心的謝意。

後來，兩人再見面時，那位新議員竟然主動和富蘭克林打招呼，而且十分客氣，一點都看不出來，他是過去抨擊富蘭克林的那個人。在分別之際，他甚至還答應會盡他所能來幫助富蘭克林，後來兩人成了很好的朋友。心底無私天地寬，即便是對手，也可以成為朋友。

「雖然尊嚴不是一種美德，卻是許多美德之母。」富蘭克林完全可以和那位攻擊他的議員展開針鋒相對的辯論，但那樣只會讓事情愈變愈糟，不僅事情的真相無法揭示，兩人的關係也會日益惡化。對於別人的攻擊，富蘭克林採取了克制態度，因為他知道，批評是無用，也是危險的，它會傷害到一個人的自尊心，並激起他的反抗。

充分尊重對方的尊嚴，以心理學的角度來看，就是激發了他人的自尊心。在維持他人自尊心的同時，富蘭克林也使自己得到別人的尊重，巧妙地化解自己的危機。請記住成功學之父斯邁爾斯（Samuel Smiles）的話：「友善的言行，得體的舉止，優雅的風度，這些都是走進他人心靈的通行證。」

▌我們都映照著彼此的態度，想要別人怎麼對你，得先怎麼對人。

注重細節，從身邊小事做起

　　曾經有群應屆畢業生，在實習時被帶到某大學的實驗室參觀。全體學生坐在會議室等待實驗室主任的到來，這時有位祕書來為大家倒水，同學們莫不表情木然地看著她，其中一名同學還問了一句：「有綠茶嗎？天氣太熱了。」祕書看了他一眼，回答說：「抱

歉，剛剛用完了。」旁邊的小唐看了覺得很彆扭，心裡暗想：「人家幫你倒水還挑三揀四的。」輪到他時，他只輕聲對祕書說：「謝謝，辛苦了。」祕書聞言還抬頭看了他一眼。

一會兒，門開了，主任走進來和大家打招呼，但同學們都沒有絲毫的回應。小唐左右看了看，猶豫地鼓了幾下掌，同學們這才稀稀落落地跟著拍手。主任隨即熱情地對同學們說：「歡迎同學們到這裡參觀，我會親自來為大家講解一些實驗室的相關情況。」主任看到同學們都沒有帶筆記本，便叫祕書去辦公室拿一些來，順便也給同學們留作紀念。

沒想到，更尷尬的事情發生了，大家都坐在那裡，很隨意地用一隻手接過祕書雙手遞過來的筆記本。主任站在一邊看著，臉色愈來愈難看。當祕書走到小唐面前時，只有他禮貌地站起來，雙手接住筆記本，同時說了聲：「謝謝！」

這些小事，同學們誰都沒有放在心上，可是祕書和主任卻把這一切都默默記在心裡。兩個月後，畢業分發推薦表上，小唐的欄位裡赫然寫著該實驗室。

對此，幾位同學非常不滿地到系辦裡質問：「小唐的成績在班上排名頂多算是中等，憑什麼推薦他而不推薦我們，這樣怎麼是公平競爭呢？」

系主任無奈地看看他們說：「這是人家指名的，決定權並不在我。其實你們的機會完全一樣，有些人的成績甚至比小唐還要好，

人也比他更聰明，但是除了課堂裡的知識外，你們需要學的東西其實還很多。」

根據史書記載，東漢名人薛勤就說過：「一室不掃，何以掃天下？」跟別人道聲謝謝，雙手接過他人遞來的物品，打擾別人時說聲抱歉，這些在生活和工作中都是小到不能再小的事情。但也就因為小，很多人不屑去做。尤其是剛剛走出校園的社會新鮮人，往往自恃為天之驕子，學富五車，才高八斗，眼中根本沒有這些瑣碎的小事。殊不知，一個人的成功可能就決定於某個被忽略的細節，許多看上去是芝麻綠豆大的細節，卻影響著你的工作、人際和前途。

世界上最偉大的推銷員喬·吉拉德曾說：「成功的機會無處不在，無時不有，遍布於每一個細節之中。」在工作和生活中，細節無處不在，只有認識它，注意它的人，才能獲得成功的垂青。

秦朝的丞相李斯也說過：「泰山不讓其土，故能成其大；河海不擇細流，故能就其深。」再大的公司，也是從一筆筆小生意累積出來的；再有錢的富翁，也是從一分分錢中賺出來的；再棒的業務員，也是從一張張訂單攢出來的。

見微知著，你的小習慣是加分還是扣分？

細節，就像人體的細胞，它們在平時可能得不到你的注意，但是如果你忽視、放棄了其中任何一個，都會給你的工作和生活帶來巨大的影響。誰能把握住細節，誰就能成功於無形。於無聲處聽驚

雷，在細節中見真知，善於把握細節，注意細節的人，往往可以找到人生成功的突破口！

曾有一位青年滿懷夢想，來到都市工作，因為工作勤奮、踏實，幾年後老闆將一個部門交給他。他將這個部門管理得井井有條，業績直線上升，他也逐漸成為公司的骨幹，深得老闆的信任。

一次他代表老闆與外商洽談一個合作案，談判進行得非常順利。談判結束後，他與外商共進晚餐，賓主盡歡。晚餐很簡單，他只按出席的人數點了一些簡單的飯菜，絲毫不見鋪張，幾盤菜都吃得乾乾淨淨，只剩下兩個小籠包。此時，他特地輕聲喚過服務生說：「請把這兩個小籠包打包，我要帶走。」

沒想到當天夜裡外商就打電話給老闆，表示明天就要和該公司簽訂合作契約。第二天，老闆設宴款待外商。席間，外商問這個年輕人：「你受過什麼教育？」他老老實實地回答說：「我家很窮，父親去世多年，是母親一個人辛辛苦苦地供我上學。她說不指望我高人一等，只要我能做好自己的事就行。」

有人說，一滴水可以折射出整個太陽的光輝，一件小事就可以看出一個人的內心世界。良好的品德，並不僅僅是體現在大是大非面前，而是體現在細微的小事中。正如海爾總裁張瑞敏說過的：「把每一件簡單的事做好就是不簡單；把每一件平凡的事做好就是不平凡。」

▌細節可以成就一個人，也可以讓人失去機會。

　　很多剛畢業的社會新鮮人或許都看過類似的話，但是未必都能細細品味這句話的含意，也沒有把這句話深刻地融進自己的腦袋。在面試時，他們不會敲門，不會隨手關門，也不會向主考官問好；工作之後，他們不在乎一張紙、一支筆的浪費，認為這些都只不過是小事，他們是要做大事的。而正是輕忽這些小事，讓許多人一事無成。當然在注意這些微小的細節之餘，要想擁有好人脈，我們還必須懂得自重。

自重才能讓你贏得尊重

　　自重就是謹言慎行，尊重自己的人格。如果說自重和尊嚴是相輔相成，那自重和名譽就是共生共存，自重是和一個人的價值相連的。對待自己的行為，自己的言語，千萬不能糊塗。自重，是一種修養，需要不斷地進行修煉。不懂得自重的人，也就不把自己當回事。

自重，不是自以為是，不是自高自大。自重，需要清醒，需要明智。要想自重，先得看輕自己。只有把不屬於自己內在，而又沉沉背負著的枷鎖都卸下，把所有不必要的虛妄和累贅真正捨棄了，才能找到真正的自己。只有真正清楚自身的分量，才談得上自重。自重，需要寧靜，需要淡泊，需要你會裝糊塗。自重有時候是俯首頷胸，虛懷若谷，把自己當回事，又不把自己當回事。

　　中國為官者自古以來，凡想博取百姓口碑或青史留名的，很重要的一條就是要自重。自重則公，明察秋毫；自重則廉，威震山河。公廉自重，邪惡畏避，自會受世人尊敬。自重辟百邪，這是中國歷史上總結的具有永恆價值哲語箴言。

　　自重需要自覺。要把自己的人生感悟清楚，把自己的行為把握到位，就需要把自己的位置看明白，糊塗對待名利，再有權也是過眼雲煙，再有錢也是身外之物。

　　珍惜生命，珍惜親情，珍惜所遇，珍惜所得，珍惜生命中的必然與偶然。珍惜自己的名譽，自己的品格，此種自重最要得。然而，任何事情，超過了一定的限度，就會適得其反。要自重，就需要首先認清自己的重量，也就是要知道自己有幾兩重。敝帚自珍，無可厚非，然而，如果自己本來只是一棵草，偏要把自己當成一棵樹，本來只是一片瓦，卻偏要把自己當做上好美玉，掂不清自己重量的時候，只會自取其辱，自尋煩惱。自重其實就是，如果你是一棵草，就做草該做的事，綻出自己的綠色，為紅花增彩；如果你是一片瓦，就去盡瓦的職責，哪裡需要就往哪裡去，為人擋風避雨。

有人講：「山自重，不失之威峻；海自重，不失之雄渾；人自重，不失之尊嚴。」自重是我們人生的重要準則。守住自己的底線，堅持自己的原則。尊重自己不是糊塗，而是大智慧。只有自重才能贏得尊重，自重永遠是尊重的墊腳石。

誠實是信任的入場門票

戰國時期，楚國三閭大夫屈原回到自己的家鄉秭歸，在那裡舉行了一場考試，準備選拔人才。

「楚地多才子」是當時整個戰國時期所聞名的，一回到家鄉，屈原就感受到莘莘學子強烈的求知欲和良好的學風。這天晚上，屈原正在擬定考題，一群學生來拜訪。他把定好的試題隨手擱在一邊，和藹地招呼他們。看著他們興高采烈地指點江山，激揚文字，屈原頗感欣慰。

後來，考試結束，試卷批閱下來，可結果卻讓他出乎意料，竟然有九十九個並列第一，成績相同，只有一個成績稍稍遜色的，排列第二。顯而易見，這個結果很不正常。

屈原前思後想，把各個環節都回憶了一遍，心想肯定是那個擬定文題的晚上，前來拜訪的學生中有人偷看了試題，並且洩露出去。屈原一邊埋怨自己的粗心大意，一邊思考複試的方法。不久，他就想出了一個好主意。

當複試開始時，面對學生，屈原高聲宣布：「你們的成績都很

好，但是國家更需要的是全面發展的通才。現在這場複試的題目就是『種穀子』。今天恰巧是穀雨節氣，正是播種的好季節，你們每人都將獲得一百粒穀種。回去後，細心照料，考試結果就以秋後收穀多少為準。」

轉眼間，秋收到了。九十九個獲得第一名的學生有的背筐挑擔，有的用車裝載，看樣子都是大豐收。只有那個考第二名的小夥子，最後一個走進來，手捧著一個小瓦罐，看到大家都滿載而來，覺得很丟臉，垂頭喪氣地站在門口，不敢進來。

屈原逐個檢查他們豐收的穀子，臉色愈來愈陰沉。當他看到站在門外的農家小夥子時，眼睛興奮得發亮，問道：「你收的穀子呢？」

年輕人不安地回答：「學生無能，只收穫了九百多粒。我已經盡了自己最大的努力，但是只有三顆種子發了芽，就結了這麼點糧食。」說完，便羞愧地低下頭。其餘九十九個第一名都哄堂大笑起來。屈原卻嚴肅地宣布：「這次選拔，他才是唯一的賢才，因為他是最誠實的一個。我發給你們的穀種裡其實有九十七粒都是煮熟的，而你們交來的糧食卻這麼多，這不擺明著就是欺騙我嗎？」

我們可以想像到那個誠實的年輕人以後道路是什麼樣的，相信必定是一路暢通，因為他已經用真誠贏得眾人的信任。

與其當個光鮮的騙子，不如當個樸實的傻子

很多人都知道，在委託他人辦一件事情時，我們首先考慮到的就是找一個誠實可靠的人。誠實可靠就是我們對別人的要求。同樣，當別人需要你的幫助時，首先考慮到的第一點也是你是否誠實可靠，值得信賴。當你以誠實待人，那麼你也就能夠得到別人的信任，只要你能得到他人的信任時，想要建立的人脈自然也就手到擒來囉！

魯宗道是宋真宗時太子的教師，為人忠厚老實，一生清廉。有一次，真宗有事召見他，於是就派人去找他進宮。宗道當時正和客人在酒店裡喝酒，且酒興正濃，便過了一會兒才進宮去。有人提醒他說：「你來得也太遲了，君主肯定會怪罪你的，快想個什麼藉口敷衍一下吧！」怎知魯宗道說：「喝酒，是人之常情，欺騙君主，則是以下犯上，犯欺君之罪，才是臣子的大過。」

進入宮中，真宗果然問他為什麼遲到，宗道便說：「恰巧有個親戚從遠方來，所以和他一起飲了幾杯酒。」真宗笑了，對宗道的誠實坦誠十分驚歎，認為他是個人才，可做大官，於是就執筆在牆上寫道：「魯愛卿的職位可到參政一級。」

魯宗道不說謊，正因此他得到真宗的信任，認為他值得託付大事。其實在生活或職場上也是這樣，當你能夠誠實地面對他人，你也就得到了他人的認可，而這便會給你帶來意想不到的結局。

誠實是一種能讓你成功的素質。真誠對待你身邊的人吧！如此

別人也會以真誠待你。誠信助你成功、幫你贏得尊重，助你建立人脈。當你得到別人的信任時，你也就打開了通向成功的大門。

👍 **攻略摘要**

　　不會做人的人，不可能贏得人生勝局。美國著名人際關係專家布魯斯說：「做人不是一件可有可無的事，而是時刻都要修煉的。否則，你無法找到自己一生最有力的支撐點。」但好人緣不會從天上掉下來，它是需要靠辛勤努力才能得到。那麼想擁有好人緣就必須做到以下幾點：

　　1. 人緣是靠善待去爭取。

　　2. 用微笑溫暖他人。

　　3. 記住他人的名字。

　　4. 專心致志地傾聽。

　　以上這些是能擁有好人緣的方法，當然還有更多。如果你重視這些方法，那麼你落入困難的境地的機率將是微乎其微，並會擁有更多的朋友。

實戰應用

你曾有過犯下錯誤卻不敢承認的經驗嗎？如果說出真相會讓你與對方的關係生變，你還有勇氣承認錯誤嗎？試著透過書寫回想一下吧！

攻略 03 轉變心態，攻守交換

說明｜煩惱都是自找的，只要擁有良好的心態，便能避免煩惱的困擾。同樣的，要想成功、擁有好人脈，首先就要有成功的心態。只有保持良好的心態，保持一顆平靜祥和的心，才能挺過人生的風雨，到達勝利的彼岸。

運用｜懂得改變自己的視野，就能看見與眾不同的世界，遇見過去未曾預期的人。

　　人立命於世，並沒有理由抱怨什麼。古人常說，命中須有自然來，便是告誡人們不要去強求不是自己的東西。但是，這種說法有點消極，因為只是一味地等待，而不知道自己去爭取、去奮鬥。

　　要想去爭取，首先必須做的就是要懂得去認識自己、了解自己，才能夠更好地、有針對性地實現目標。現實生活中，往往有很多人不清楚自己，不了解自己，找不到自己的方向。他們是迷茫的一代。因為沒有方向，所以他們不斷地追隨他人，把他人當做自己的範本，一味照搬照抄，甚至天天為自己沒有人脈或沒有的物質財富而煩惱。

專注於失去只會讓你錯過更多美好

　　一天，某個學校迎來一位特殊的貴賓。她在學校裡舉行了一場別開生面的演講。

　　她站在講臺上，雙手經常無規律地揮舞著；她喜歡仰著頭，脖子伸得好長好長，正好與她尖尖的下巴扯成一條直線；她張著嘴，眼睛瞇成一條線，用一種詭譎的目光看著台下的學生；雖然她口中也會發出聲響，但只是一些咿咿唔唔的聲調，不知在說些什麼。

　　基本上她是一個不會說話的人，但是，她的聽力很好，只要對方猜中，或說出她的意見，她就會像個孩子一樣樂得大叫一聲，伸出右手，用兩個指頭指著你，或者拍著手，歪歪斜斜地向你走來，送給你一張用她的畫製成的明信片。

她叫黃美廉，是一位自小就患了腦性麻痺的病人。腦性麻痺奪去了她肢體的平衡感，也奪走了她發聲講話的能力。從小她就活在諸多肢體不便及眾多異樣的眼光中，可以說她的成長充滿了血淚。然而這些外在的痛苦並沒有擊敗她內在奮鬥的精神，她昂然面對一切在常人眼中的不可能，她用她的手當畫筆，以色彩告訴人「寰宇之力與美」，並且燦爛地「活出生命的色彩」，還獲得了加州大學藝術博士學位。在這樣一場傾覆生命、與生命相遇的演講中，全場的學生無不被她不能控制自如的肢體動作震懾住了。

　　「請問黃博士，」一個學生小聲地問，「您從小就長這個樣子，請問是怎麼看待您自己？您都沒有怨恨嗎？」

　　「我怎麼看自己？」美廉用粉筆在黑板上重重地寫下這幾個字。她寫字時用力極猛，有力透紙背的氣勢。寫完這個問題，她停下筆來，歪著頭，回頭看著發問的同學，然後嘴角一咧，回過頭來，在黑板上龍飛鳳舞地寫了起來：

1. 我好可愛！

2. 我的腿很長很美！

3. 爸爸媽媽這麼愛我！

4. 上帝這麼愛我！

5. 我會畫畫！我會寫稿！

6. 我有隻可愛的貓！

　　頓時，會場內變得鴉雀無聲，沒有人再講話，大家都在專心地看著她在黑板上寫的每一條。她回過頭來看著大家，再回過頭去，在黑板上寫下了她的結論：「我只看我所有的，不看我所沒有的。」

　　此刻掌聲頓時響起，美廉傾斜著身子站在臺上，滿足的笑容從嘴角蕩漾開來，她的眼睛瞇得更小了，有一種永遠也不會被擊敗的傲然寫在她的臉上。

　　「我只看我所有的，不看我所沒有的。」是啊！為什麼總要看自己沒有的呢？只有懂得知足，才能不受煩惱困擾。做人糊塗一些，不必去和他人攀比，不必去計較，錢財名利都只是天邊的浮雲而已，只有快樂生活才是真。

　　愛默生曾經說過，當我們真正感到困惑、受傷甚至痛苦時，我們會從柔弱中產生力量，喚起不可預知的、威力無比的憤慨之情。要想成功，必須要接受和肯定自己。在這個世上，每個人都有不同的缺陷，並非只有你是最不幸的。無須抱怨命運的不濟，不要總看自己沒有的，要多看自己擁有的，多肯定和接受自己。

　　只有懂得肯定自己、相信自己的人才能夠在這個沒有硝煙的戰場上生存下去。所以要想成功，先看自己有的，給自己建造一個堅固的、可以支撐我們起飛的平臺。

當你覺得自己一無所有、感到消沉時，你可以找一張紙，試著寫下「最近感謝的人或事」以及「到目前為止為生活做過的努力」，你會發現自己比想像的富有、且努力生活。

被過去絆住的人，永遠無法向前進

　　某學生擁有極高的歌唱天賦，無論多麼高難度的歌曲，到了他的嘴裡都會變得無比動聽。有一次，學校舉辦歌唱比賽，他連預選都沒參加，直接就被教務主任推薦進入決賽現場。但是，由於精神緊張，他在比賽中完全沒有發揮出應有的水準，竟得到最後一名。在經過很長的一段時間之後，他仍為此鬱鬱寡歡。他一遍遍地到主任那裡去解釋——「我那天有點感冒，嗓子啞了，否則，我一定能取得名次的。」

　　主任安慰他：「沒有關係，我相信你！」可是他認為主任只是在敷衍他，仍然每次見了主任就提這件事，不僅把主任搞得心情厭煩，最後他也因此變得精神恍惚。

　　這個故事給了我們一個啟示：我們是否太在意自己的感覺？比如，在路上不小心摔了一跤，惹得路人哈哈大笑，你當時一定尷尬不已，認為全天下的人都在看著你。但是如果你站在別人的角度思考，就會發現，其實，這件事只是他們生活中的一件小插曲，甚至有時連插曲都算不上，他們頂多哈哈一笑，然後就把這件事忘記了。

　　在匆匆走過的人生路上，我們只是別人眼中的一道風景，對於第一次參與、第一次失敗，完全可以一笑置之。不要過多地糾纏於失落的情緒中，你的哭泣只會重新提醒人們注意到你曾經的無能。當你笑了，別人也就忘記了。

　　我們總是茫然著，因為生活的多變而無法把持未來的路；我們總是比較著，因為別人的出色而幻想自己另一個樣子；我們也總是苦惱著，因為理想的遙遠而失去奮鬥的勇氣。其實，自己已經是這樣了，想立刻轉變是不現實的；但我們能把握的還是我們自己，除了做自己，我們別無選擇，而且一旦失去自己，我們就什麼都沒有了，所以做好自己就是最好。

　　煩惱是一把搖椅，你一旦坐上去，它就會一直搖呀搖，總也停不下來。但是，如果你跳下來，它自己就不會再搖了。

你知道嗎？ 99% 的煩惱都不會發生

　　生活本已不易，再給自己想像很多煩惱，豈不是跟自己較勁？

　　一位心理學家做過一個很有意思的實驗：他要求參與實驗者週

末晚上把未來七天可能煩惱的事情都寫下來，然後投入一個大型的煩惱箱中。第三週的星期日，他在實驗者面前打開這個箱子，與參與者逐一核對每項煩惱，結果發現其中90%的擔憂並沒有真正發生。

接著，他又要大家把那些真正發生的10%的煩惱重新丟入紙箱中，等過三週，再來尋求解決之道。結果，到了那一天，他開箱後，發現剩下的10%的煩惱已經不再是那些實驗者的煩惱了，因為他們都有能力應付。

煩惱是自己找來的，這就是所謂的自找麻煩。據統計，一般人的憂慮有40%屬於過去，有50%屬於未來，而92%的憂慮從未發生過，而剩下的8%是能夠輕易應付的。

每個人都有七情六欲和喜怒哀樂，煩惱也是人之常情，是人人避免不了的。但是，由於每個人對待煩惱的態度不同，所以煩惱對人的影響也不同。

有一個人以為自己得了癌症，便跑去看醫生。醫生問他：「你覺得哪裡不舒服？」

「我好像沒有哪兒不舒服。」

醫生又問：「你感覺身體哪裡疼嗎？」他說：「沒有。」

醫生又問：「你最近體重有沒有減輕呢？」他說：「沒有。」

「那你為什麼覺得自己得了癌症？」醫生忍不住這麼問他。

他說：「書上說癌症的初期毫無症狀，我正是如此啊！」

富蘭克林‧亞當斯曾以失眠做比喻。他說：「失眠者睡不著，因為他們擔心會失眠，而他們之所以擔心，正因為他們不睡覺。」

再跟你分享一段老笑話：黑夜裡，一個生意人駕車行駛在僻靜的郊野，突然車胎爆了，他想換一個新的，卻發現沒帶千斤頂。幸好不遠處有一間農舍還亮著燈，他便朝農舍走去。然而他邊走心裡卻邊擔心：屋裡會不會沒人？也許他根本就沒有千斤頂；就算有，這傢伙也可能就是不肯借給我。他愈想愈焦躁，愈想愈生氣，最後，當農舍的門打開時，他劈頭就給了農夫一拳，嘴裏面還吼叫著：「收起你那該死的玩意兒吧！」

這個故事取笑了那種通常的「自我失敗主義」思想。相信你大概也經常聽到自己內心中的這類自怨自艾吧！

這種消極情緒比任何力量都更能影響你的生活。你如果想生活得更加愉快，應當找到保持良好思想情緒的方法。

馬克吐溫晚年時曾感嘆道：「我的一生大多在憂慮一些從未發生過的事，沒有任何行為比無中生有的憂愁更愚蠢了。」

我們容易將別人的事情看得如水中倒影般清澈，然後以智者的姿態，或冷眼旁觀，或苦心勸誡。然而涉及自己，就會出現老眼昏花之態、飛蛾撲火之舉。所以記住，想要有快樂人生，就永遠不要和自己較勁！

▌煩惱就像搖椅，當你選擇遠離，就不會受到影響。

積極的態度讓你的玻璃心漸漸堅強

　　著名心理學家威廉‧詹姆斯說過：世界由兩類人組成，一類是意志堅強的人，另一類是意志薄弱的人。意志薄弱的人在面臨困難和挫折時，總是選擇逃避，畏縮不前；面對批評，他們極易受到傷害，從而灰心喪氣，等待他們的也只有痛苦和失敗。

　　但意志堅強的人卻不是這樣。他們來自各行各業，有體力勞動者、商人、教師，也有老人也有年輕人。他們內心都有股與生俱來的堅強特質。所謂堅強的特質，是指在面臨困難時，仍有內在的勇氣來承擔外來的壓力和考驗。

　　那麼，你究竟是想做一位懦夫，還是想做一位勇士？你是想做一位意志堅強的人，還是做一位柔弱的人呢？答案不言自明。但是，要想做一位真正意志堅強的人，或是做一位勇士又談何容易呢！

但是，積極的心態會幫助你成為一位意志堅強的人。因為你相信自己，有十足的信心看待自己的能力，對於任何困難，從來不會畏懼，你會永遠立於不敗之地，會從所發生的一切事情中，掌握對自己最有利的結果。

你所堅持的原則就是要不斷地將弱點轉化為力量。下面的例子就說明了這個問題。

一天，老A走出家門時，攔了一輛計程車。一上車便感覺到司機是個很快活的人。他吹著口哨，一會是電影中的插曲，一會是國歌。看他樂不可支的樣子，老A便搭腔說：

「看來你今天心情不錯！」

「當然囉！為何要心情不好？我最近悟出了一個道理，情緒暴躁和消沉都沒好處，因為事情隨時都會發生轉機。」接著，他便給老A講了一個自己的故事。

那天一早，他開車出去，想趁上班尖峰期多賺點錢。

但那天天氣真冷，好像用手一摸鐵皮，馬上就會被粘住似的。不幸的是，他才開沒多久，車胎便爆了。他快氣炸了！他拿出工具，邊換輪胎，邊嘟嚷著。可是天氣太冷，只要工作一會兒，便得動動身子，暖暖手指頭。就在這時，一輛卡車停了下來，卡車司機竟下車且居然開始動手幫忙。輪胎修好之後，他一再道謝，但是卡車司機揮揮手，不以為意地跳上車走了。

司機接著說：「因為這件事，讓我整天心情都很好。看來事情總是有好有壞，人不會永遠倒楣的。起初因為輪胎爆了我很生氣，後來因為卡車司機幫忙心情就變好了，而且連好運似乎也跟著來了。那天早上忙得不得了，客人一個接著一個，口袋的錢也多了。所以，先生，不要因為事情不如意就心煩，事情隨時會有轉機的。」

那位司機說，從此以後，他再也不會讓人生中的不如意來困擾他了，這就是真正的積極心態。這種積極的心態一定會在適當時機發揮功效的。

當面對難題時，如果期待撥雲見日，並能樂觀以待，事情最後終能如你所願。因為好運總是站在積極心態者這邊。一個積極心態者心中常能存有光明的遠景，即使身陷困境，也能以愉悅、創造性的態度走出困境，迎向光明。

事實上，人生就是如此。我們難免會遇到無數挫折、困難及煩惱，但這並不意味著你註定要被打敗。如果你秉持真誠的信念，勇敢面對人生，堅信好運必來，就能突破重圍，任何難題都將迎刃而解。

這一點絕對適用於每一個人，每一種場合。

在那些真正的成功者中，許多人具有這樣的特點：他們有能力使用「積極心態」的力量。但大多數人總是盼望成功會以某種神祕莫測的方式不期而至，可是我們並不具有這樣的條件，即使我們確實具有這些條件，我們也許會看不見它們，很明顯的東西反而容易

被人忽略。積極的心態就是最大的特點和優點,這並沒有什麼神祕莫測的地方。

成功沒什麼祕訣,就是比別人再堅持久一點

美國某家保險公司有一位業務員,名叫安迪。安迪想成為這個公司的明星業務員。他努力應用他在書籍和雜誌中所讀到的積極心態原則。可是不久後,他遭遇了一個厄運,這給了他一個發揮積極心態的良機,也讓他有效地應用了自己「積極」的一面。

寒冬的一天,安迪在路易斯安那州一個城市的街區中推銷保險,卻沒有做成一筆生意。當然,他對自己很不滿意。但他沒有因此而氣餒,而是選擇了積極的心態將這種不滿轉變為一種勵志的動力。

他記起他所讀過的勵志書,應用了其中所提出的原則。

第二天,當他從公司出發時,他向同事們講述了前一天所遭遇的失敗,接著他說:「等著瞧吧!今天我將再次拜訪那些顧客,我將售出比你們加起來還要多的保險單。」

令人驚訝的是,安迪做到了這一點。他回到那個街區,又拜訪了前一天和他談過話的每一個人,結果售出了 66 張新的保險單。

這的確是一個不平常的成就,而這個成就是由厄運所造成的。那時安迪在風雪中穿街過巷,跋涉了 8 個小時,卻沒有賣出一張保

險單。可是安迪能夠把前一天我們大多數人在失敗的情況下所感覺到的消極不滿，在第二天就轉化成勵志性的動力，並且取得了成功。

安迪最終成了這個公司的最佳業務員，並被提升為業務經理。

▋進取、積極的精神不僅會影響工作表現，也會影響同事和整體環境，所以調整自身釋放的能量，可以吸引到相同狀態的人來到身邊！

👍 攻略摘要

老實耿直不但做不成事，反而會讓自己自身難保，學會適時「彎曲」，倒能風光顯貴。由此可見，學會隨機應變、機靈做人是多麼重要。

人生在世，做人做事不能率性而為，許多人際關係和事業上的不如意，需要你察言觀色，以智慧和耐心去解決。墨守成規、只認死理是無論如何都行不通的。而隨機應變、機靈通達才是我們立足於世且能愈來愈好的法寶之一。

實戰應用

你是否常常不經意地向周遭抱怨東抱怨西呢？回想你最近一次感到憤恨或悲觀，找人傾訴的時候，是帶著以下哪一種目的：

1. 抒發情緒：心裡的悲傷、憤怒快爆炸，必須向外引導。
2. 徵求建議：想不出解決辦法，想找個人分擔壓力，得到解方。
3. 尋求認同：想要他人站在自己這邊，以證明自己是對的。

分析完後，是不是比較了解自己的想法了呢？抱怨也許是難以控制的行為，但透過一次次分析，我們可以體認自己的心情，慢慢精進自己的不足，降低抱怨頻率，當個正向、讓人想要親近的人。

攻略
04 吸引力法則，讓你心想事成

說明｜不只是貧窮勞累會讓人覺得苦，更苦的是在生活中找不到熱情。偉人一樣會受傷，會失敗。唯一不同的是在遇到艱難困苦、挫折失敗時，他們從未失去對生活的熱情。

運用｜在挫折面前，除了悲傷怨嘆還有更多選擇，透過轉念以及維持自己的能量，你也可以在生活中找到更多快樂和美好。

　　人生在世，人人都想活得更好，人們總是在各種可能的情況下，選擇能為自己帶來較多幸福或滿足的活法。所以有人淡泊名利，遠離官場，任自己在世間逍遙；也有人在紅塵中翻滾，放縱性情，遊戲人間。無論是哪一種人，他們都感到快樂，因為他們對生活保持一種寬容態度，所以生活也同樣給予了他們相應的快樂。

　　路其實都是自己選擇的，既然快樂是一條路，不快樂也是一條路，那為什麼不選擇快樂，讓自己走在歡樂的道路上呢？

心有多大，路就有多寬

　　多年前，有個叫麥克法蘭的 4 歲小孩在自家農莊後面的樹林中玩耍。突然，一頭豪豬在不遠處出現，男孩睜大了好奇的眼睛。然而，他還沒來得及細看，便覺得臉上一陣劇痛，因為鄰家小孩手中所揮舞的極熱的燒焊器打在了他臉上。頓時，他的世界小了許多。經檢查，男孩的左眼球被擊破。6 周後，由於嚴重的交感性眼炎，他的右眼也失去了視力。從此，在他的記憶中只有那頭奔跑的豪豬，那是他最後看到的世界全部。

　　小麥克法蘭哭鬧了好長一段時間，畢竟，這對於一個剛剛開始認識世界的孩子來說太殘忍了。為了鼓勵弟弟，哥哥伊安告訴他：「你的耳朵就是你的眼睛！」小麥克法蘭便照哥哥說的去練習，一段時間後，他已經可以循著青蛙的叫聲捉到它。

　　然而，這並沒有改變他看不見東西的痛苦，他哭喊著要去看樹

上熟透的野果，要去看忙碌著搬家的螞蟻。母親告訴他：「你的手和腳就是你的眼睛！」於是，他學著用手去撫摸東西，用腳去丈量距離。果然，不久後，他可以在橘樹叢中採摘下那些大而柔軟的果實，可以從屋外準確地走到自己的床前。幾年後他進了一所盲校，學習了很多知識。

即便如此，他依然不開心，他覺得自己失去的是最重要的東西，並因此感到自卑。在發現了兒子的心思，一向嚴厲的父親對他說：「孩子，你的心就是自己的眼睛啊！」

父親的話如醍醐灌頂。麥克法蘭不再抱怨，而是下定決心要用自己心中的眼，來指引自己的人生道路。

他開始學摔跤，連贏 20 場比賽。他又開始學游泳、學短跑、學標槍鐵餅，並在比賽中獲得金牌。他學會了吹豎笛、彈鋼琴、吹喇叭。中學期間，他先後奪得 11 項加拿大全國冠軍和 6 個國際錦標。後來，在全美首屆盲人滑水錦標賽中，他又一次奪冠並創下世界新紀錄。後來，他成了直屬美國總統的「健康與體育」委員會的顧問。1984 年的洛杉磯奧運會，他成了從紐約向會場傳遞聖火的優秀運動員之一，此時他已贏得了 103 枚獎牌。

手擎火炬奔跑在人群歡呼聲中的他，用自己心中的眼迎來了生命中最輝煌的時刻。

世界黯淡了並不可怕，可怕的是心境的黯淡，只要心中的陽光不曾黯淡，生命就一定可以燦爛，因為心有多大，路就有多寬。當

我們處世辦事之前，先把自己的心胸變大，不要侷限於小小的困難
中，因為那樣往往會把你自己困在一個小範圍之內。路寬了，做事
就會輕鬆許多。我們應銘記一個道理：快樂的生活是自己創造的，
只有放開心胸的人，才能夠在人生路途上笑對困難，勇往直前。

▌當你陷入負面的思考時，可以試著轉念：

「明天就要考試
了，我現在很害
怕，如果沒過就
要重新再來。」

認知自己當下的情緒

「如果我合格的
話就有機會進入
夢想的公司。」

**將對失敗的想像轉換
為成功的情境**

「依照學習的
內容一步步答
題完成考試。」

往目標前進

讓進取之心成為你的永續能源

進取心可以說是一個人的源泉，它能為自己努力拼搏提供強大的、源源不絕的動力。而一個沒有進取心的人，永遠不會得到成功的機會。

不管什麼公司，都喜歡那些真正想做點事情的人。因為這些人能自覺地、積極地進行努力，並能不屈不撓地把思想付諸行動，影響和帶動周圍的人去工作。而缺乏進取心的員工，他們在工作中得過且過的態度，不僅難以完成本職工作，更會將這種態度像瘟疫一樣傳染給其他同事。

小吳雖是名門學府的高材生，但在工作中卻鬱鬱不得志。有一次，他去拜訪老師，老師見了小吳很高興，就詢問他的近況。

「我對現在的工作一點都不喜歡，與我學的專業也不相符，整天無所事事，工資也很低，只能維持基本的生活。」小吳滿腹牢騷地說。

老師很吃驚：「既然如此，你怎麼還無所事事呢？」

「我沒有什麼事情可做，又找不到更好的發展機會。」小吳無可奈何地說。

「其實並沒有人束縛你，你不過是被自己的思想扼制住了，明明知道自己不適合現在的位置，為什麼不去多學習其他的知識，找機會自己跳出去呢？」老師勸告小吳。

小吳歎氣地說：「我運氣不好，什麼樣的好運都不會降臨到我頭上的。」

老師生氣了：「你天天在夢想好運，卻不知道機遇都被那些勤奮和跑在最前面的人搶走了，你永遠躲在陰影中走不出來，哪還會有什麼好運呢？」

最後，老師鄭重其事地說：「一個沒有進取心的人，永遠不會得到成功的機會。」

進取心可以說是一個人的源泉，它能為自己努力拼搏提供強大的、源源不絕的動力。很多時候，我們發現有一些沒有高學歷，甚至沒有學習過相關知識的人，他們做起事情來卻比受過正規培訓的人還要自如。這是為什麼呢？這就是進取心的問題。因為他們想要做好，所以他們會去努力，會去鑽研。雖然他們沒有太多理論知識，但是卻努力實踐、親自嘗試。這種人誰不喜歡呢？而與之相對的就是小吳這種人，自視甚高，但是卻不知道進取，自然得不到重用了。

積極為你創造機會

曾經某著名企業在招聘員工，只有高職畢業的陳鵬前去應聘，請求隨便讓他幹什麼都行。人事主管見他學歷較低，就回答：「招聘已經結束了，過一個月再說吧！」

其實這只是人事主管在敷衍他，沒想到一個月後，陳鵬真的來

了，主管再次敷衍他說：「你這衣冠不整的樣子，怎麼可能成為公司的員工呢？」

於是陳鵬買了新衣，好好修飾了一番再去應聘。人事主管拿他沒辦法，這次說了真話：「我們現在差電工，但你不懂電工知識怎麼行呢？」

兩個月後，陳鵬又來了，自信地說：「我已經學了兩個月的電工知識，您覺得我哪些方面還不夠？我一定會認真加強！」看著這位進取心十足的求職者，人事主管大為感慨：「我做了幾十年的招聘工作，頭一回碰到像你這樣找工作的，真佩服你有這樣好的耐心與韌性。」他的堅持不懈進取心終於感動了這位主管，陳鵬也如願以償地得到回報，獲得工作。

現今，儘管每個公司都有各自不同的人才評價標準，但對應聘者的要求有幾點卻很一致，其中就包括「需要具有高度進取心的人」。一個沒有進取心的人，不管他能力有多高，經驗有多充足，都等同於一塊沒有用途的廢料。

總而言之，需謹記的是，只有擁有進取心的人，才能夠在生活的激流中不斷逆流而上，最終到達勝利的彼岸。

▋「進取」展現在個人身上常會出現這三個特質：

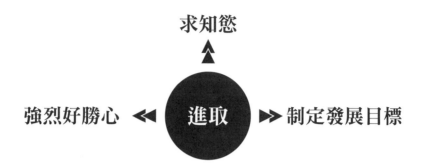

愈黑暗，愈需要保有希望的光

生活在給予我們快樂的同時，也會給我們帶來傷痛，面對生活帶給我們的磨難，有的人能夠坦然地面對痛並快樂著；有的人卻悲觀喪氣，怨天尤人。其實，命運是公平的，它在為你關上一道門的同時，也會為你打開一扇窗，所以不要總是盯著那道關著的門，反而要更應該多去看看開著的窗。

生活中有太多不值得我們去計較的事情，只要我們能夠以一種平和的心態，面對生活中的一些瑣事，那麼，就會享受到生活本應有的快樂與幸福。學會看開、學會看淡、學會看遠、學會看透、學會看準，運用你的智慧，以一種超脫的心境，自然就不會再因為小事而煩惱，進而就會贏得更廣闊的人生。

一對夫婦結婚 11 年才生了一個男孩，夫妻恩愛，男孩自然成了兩人的寶貝。男孩兩歲的某一天，丈夫在出門上班之際，看到桌上

有一罐打開了蓋子的藥瓶時，因為趕時間，他只囑咐妻子把藥瓶蓋好，然後就上班去了。但因為妻子在廚房忙得團團轉，就忘了丈夫的叮囑。

男孩拿起藥瓶，覺得好奇，又被藥水的顏色所吸引，於是一飲而盡。結果男孩服藥過量，被送到醫院後，不治身亡。妻子被這不幸事件嚇呆了，不知該如何面對丈夫。緊張的父親趕到醫院，得知噩耗非常傷心，他看過兒子的屍體，望了妻子一眼，然後說了一句話：「I love you, darling！」

丈夫是人際關係的天才，因為兒子的死已成事實，再吵再罵也不會改變事實，只能惹來更多的傷心，而且不只是自己失去兒子，妻子也失去了兒子。

遭遇一件不幸的事你可以怨天尤人，痛恨社會，甚至自責無窮，但事情卻不會因這些而改變，這一切只會改變了你和日後的生活，使自己帶著傷痛在以後的日子裡活下去。反之，若能放下怨恨和懼怕，放下過去，就可以勇敢地活下去，

但其實，事情的境況原來並不如想像中的那麼壞。

簡單的一句話，有著太多的包容，太多的人生選擇。每個人都有不想讓人知道的不幸，值得思考的是，自己該選擇什麼方式去面對不幸，面對未來及周圍的人和事。

打斷專注於悲傷的視線

一場雷電引發的山火，將保羅·迪克剛剛從祖父手中繼承的美麗「森林莊園」化為灰燼。面對焦黑的樹樁，保羅欲哭無淚。年輕的他不甘心百年基業毀於一旦，決心傾其所有也要修復莊園，於是他向銀行提交了貸款申請，但銀行卻無情地拒絕了他。接下來，他四處求親告友，卻沒有一個人向他伸出援助之手。

所有可能的辦法全都試過了，保羅始終找不到一條出路。他知道，自己以後再也看不到那鬱鬱蔥蔥的樹林了。他的心在無盡的黑暗中掙扎。為此，他的眼睛熬出了血絲。他整天閉門不出，茶飯不思。

過了一段時間，年已古稀的外祖母獲悉此事，意味深長地對保羅說：「小夥子，莊園成了廢墟並不可怕，可怕的是你的眼睛一天天地老去，失去了光澤。一雙沒有光澤的眼睛，怎麼能夠看得見希望呢？」

保羅在外祖母的勸說下獨自走出莊園，走上了深秋的街道。他漫無目的地閒逛著，在一條街道的拐角處，他看見一家店鋪的門前人頭攢動，他走了過去，原來是一些主婦正在排隊購買木炭。那一塊塊木炭讓保羅眼睛一亮，彷彿看到了一絲希望。

在之後的兩個多星期，保羅雇了幾名燒炭工，將莊園裡燒焦的樹加工成優質的木炭，分裝成箱，送到市集，結果被搶購一空，他也得到一筆不菲的收入。不久，他用這筆錢買了一大批樹苗，一個

新莊園又初具規模了，幾年以後，「森林莊園」再度綠意盎然。

挫折壓不垮人，如果你垮了，那一定是你自己打敗了自己。挫折來臨時，你就把它當做一種磨練，挫折就會變成促使你向上的動力。

得先相信自己，別人才會相信你

想成功就要堅強，就要承受得住磨難，絕不能輕易被打倒。

一名業務員來到一家大公司，想和老總談筆生意。按照慣例，中間必須經過祕書這一關。祕書拿到業務員的名片後，恭謹地把名片交給董事長，一如預料，董事長不耐煩地把名片丟回去：「怎麼又來了！」無奈的祕書只好尷尬地把名片退回給那位立在門外的業務員，業務員卻再一次把名片遞給祕書，同時留下話：「沒關係，還是請董事長留下名片，我下次再來拜訪。」

拗不過業務員的堅持，祕書只好硬著頭皮再進入辦公室，董事長火大了，這回將名片撕成兩半，丟給祕書。看祕書不知所措地愣在那兒，董事長更來氣，便從口袋掏出 10 塊錢：「10 塊錢買他一張名片，夠了吧！」

誰知當祕書將撕碎的名片與錢遞給業務員後，業務員開心地高聲說：「10 塊錢可以買兩張名片，我還欠董事長一張。」隨即又掏出一張名片交給祕書。

正走出來的董事長聽後也不禁大笑：「不跟這樣的業務員談生意，我還和誰談？」

如果這名業務員輕易就被擊倒，業務肯定沒法做下去。不管是工作中還是生活中，傷害或者打擊都在所難免，你要做到的只有堅強、自信，絕不能輕易被擊倒。

我有個朋友亨利剛進公司上班時，主管總是看他不順眼，比如邀請大家下班後到他家吃火鍋，總是「不小心」漏了他。但亨利給自己打氣的方式是——自己要到更好、更高檔的地方去吃，他想：「我要比他們還享受！」主管要給他難堪，哪知他更得意！

而且主管分配給他的工作總是最難做的事，也很難有業績表現，但他也不生氣，反而說：「這樣挺好，否則哪裡知道最基層員工們的艱辛。」

主管的態度迫使他走出另一條路，現在的他在另一家公司的行銷企劃部如魚得水。「這都得謝謝他當初的造就。」亨利常念叨。

洛克菲勒說過：「沒有人能阻擋你前進的道路，阻礙你前進的最大的敵人就是你自己，如果你不想讓別人偷走你的夢想，那你就得在被挫折擊倒後立即站起來。」大部分的人，一生中都不會一帆風順，難免會遭受挫折和不幸。

但是成功者和失敗者非常重要的一個區別就是，失敗者總是把挫折當成失敗，每次挫折都會沉重地打擊他追求勝利的勇氣；而成功者則是從不言敗，在一次又一次的挫折面前，總是對自己說：

「我不是失敗了，而是還沒有成功。」一個暫時失利的人，如果繼續努力，打算贏回來，那麼他今天的失利，就不是真正的失敗。相反的，如果他失去了再戰鬥的勇氣，那就是真的輸了。

你可以休息一下，但記得站起

如果一個人陷入挫折的痛苦之中，他就很難再抽出身來想一想自己下一步該如何努力，最後如何成功。一個拳擊運動員說：「當你的左眼被打傷時，右眼得睜得大大的，這樣才能夠看清敵人，才能夠有機會還擊。如果右眼同時閉上，那麼不但右眼也要挨拳，恐怕命都難保。」拳擊就是這樣，即使面對對手無比強勁的攻擊，你還是得直接面對敵人和受傷的感覺，如果不這樣的話一定會敗得很慘。其實人生又何嘗不是這樣呢？

尼采說過：「受苦的人，沒有悲觀的權利。」已經受苦了，為什麼還要被剝奪悲觀的權利呢？因為受苦的人必須要克服困境，方能不再受苦；悲觀和哭泣只會加重傷痛，所以不但不能悲觀，反而要比別人更積極。在冰天雪地中歷險的人都知道，凡是在途中說「我撐不下去了，讓我躺下來喘口氣」的同伴，很快就會死亡，因為當他不再走、不再動時，他的體溫就會迅速地下降，很快就被凍死。不是嗎？在人生的戰場上，如果失去了跌倒以後再爬起來的勇氣，我們就只會徹底地失敗。

著名作家海明威的代表作《老人與海》中有這麼一句話：

「英雄可以被毀滅，但是不能被擊敗。」英雄的肉體可以被毀滅，可是英雄的精神卻永遠在戰鬥。還有這樣一句名言：「成功是指最終實現了目標，但並不意味著從不受到挫折；成功是贏得了整場戰役，而不是贏得每一場戰鬥。」

人的胸襟有多大，成就就有多大。爭一時不如爭千秋，更何況你怎麼知道，這不是天將降大任於你呢？即使過去的所得都失去了，仍然可以從頭再來，因為我們來到這個世界上的時候，本來就是一無所有的。

有位樵夫經過辛苦的勞動，終於蓋起了一間可以遮風擋雨的房子。有一天，他挑著一擔木柴到城裡去賣，當黃昏他回家時，卻發現自己的房子正被大火吞噬著。

左鄰右舍都來幫忙救火，但是因為風勢過大，還是沒有辦法將火撲滅，他只好眼睜睜地看著整棟木屋被燒毀。

大火終於熄滅了，只見這位樵夫連忙拿了一根棍子，跑進倒塌的房子中不斷地翻找著什麼。圍觀的鄰居以為他是在翻找藏在屋裡的珍貴寶物。

過了好一會兒，樵夫終於興奮地叫著：「我找到了！我找到了！」

這時，鄰居卻發現樵夫手中拿著一把柴刀，根本不是什麼值錢的寶物，都感到十分詫異。

只見這名樵夫興奮地大叫：「只要有這把柴刀，我就可以再建造一幢堅固的房屋！」

一場大火，燒去了樵夫的一切。面對失去的一切，樵夫並沒有絕望。面對突如其來的災難，他不是消極頹廢，而是勇敢地站起來，積極地為將來打算。

我們來到這個世界上，註定要經歷很多艱難坎坷，每一次的磨難都是對我們意志的一個考驗。有的人經歷一次打擊就對前途失去信心，悲觀失望，被困難打倒再也站不起來；有的人經受不住這樣的打擊，甚至提前結束自己的生命；也有的人面對災難，並不絕望，在絕境中尋找出路，準備迎接更大的挑戰。因為他們知道，一位成功者是不會被眼前的絕境嚇倒的，「一無所有」正說明了這是一個新的起點。

遇到困難並不可怕，可怕的是一蹶不振，從此消沉。畢竟雖然過去的所得都失去了，我們仍然可以從頭再來。

▌建立積極正面的形象，不只自己，連別人都會相信你。

👍 攻略摘要

在忍與爭的關係上，東方傳統文化歷來都比較強調「忍」的作用和意義。忍，一直被當作一種美德為人所推崇。許多事實也證明了忍的重要性。

因為如果光是爭而不忍，可能就會亂「大謀」。的確，在許多情況下，遇事是忍還是爭，反映著一個人的胸懷與風度。心高宏氣者，大多不會在意義不大的小事上去爭，他們往往會忍而讓之，不予計較。相反的，一個人如果心眼狹小，胸無大志，就會錙銖必較，凡事都不能忍讓，非得爭個你死我活。所以，有志向、有抱負的人是不會因小不忍，而亂大謀的。

但如果說爭而不忍是小人，那麼，忍而不爭就是弱者。一個人如果萬事皆忍，逆來順受，就會變得軟弱可欺、任人宰割。在爭中忍，在忍中爭，二者融會貫通了，才能在激烈的社會競爭中立於不敗之地。

找到你的目的，方法就會隨之而來。
Find purpose, the means will follow.

——甘地

Level 2

呵護關係，人人都是養成系神隊友！

攻略 05 換位思考，不是說說而已

說明 | 明朝文人朱舜水說：「滿盈者，不損何為？慎之！慎之！」保持謙虛，遠離驕傲。只有懂得謙虛向上的人，才能夠在生活中立於不敗之地，招來好人脈。

運用 | 鼓勵自己很重要，但切勿因為小事而自滿，保持謙遜的態度可以為你帶來好人緣，並免於到處樹敵。

　　有很多狂妄自大的人自以為是地認為，世界上少了他，別人就不知該怎麼辦了。這種人因為在人生道路上失去了方向，最終只會在狂妄中滿足自己。

　　生活中，一個無法迴避的事實是，每一個人的能力總是十分有限，沒有一個人樣樣精通。所以，人人都可在某些方面成為我們的老師。當自以為擁有一些才藝時，你要記住，你還十分欠缺，而且會永遠欠缺。否則，失敗就離你不遠了。

狂妄自大是失敗的前兆

　　自大的人總是把自己看得很重要，但事實上，少了他，事情往往可以做得一樣好。所以，自大者歷來就是成事不足敗事有餘。你要切記這樣一個道理：自大是失敗的前兆。

　　自大往往不是空穴來風，自大的人總有一些突出的地方。這些突出的特長，使他們較之別人有一種優越感。這種優越感達到一定程度，便使人目空一切，不知「人外有人，天外有天」。

　　不知道並不可怕——畢竟人不可能什麼都知道，但可怕的是不知道而假裝知道。這樣的人就永遠不會進步，就像總愛欣賞自己腳印的人，只會在原地繞圈子。

　　中國的文人墨客都講求氣節，「人生自古誰無死，留取丹心照汗青」。這是文士的傲骨，素為世人所景仰。但是，氣節若是講求不當，就會流於傲慢而自己覺察不出來。作風和氣節都是自身的操

守和品格，而傲慢則是施加於人的東西。以傲慢施加於人，有表現為神情氣色上的傲，與表現在儀表禮節方面的傲。傲慢者內心依仗他的才能，驕氣溢於言表，他的心緒就不能穩定如常了，往往招致禍害。

東漢名士禰衡，有才學但狂傲不羈。初次見曹操，就將曹操的手下統統貶損一番。說荀彧可使弔喪問疾，荀攸可使看墳守墓，程昱可使關門閉戶，郭嘉可使白詞念賦，張遼可使擊鼓鳴金，許褚可使牧牛放馬！當時張遼在一旁，氣得抽劍要殺禰衡，幸好被曹操制止。

等禰衡到荊州，見劉表之後，依舊積習難改，表面上頌揚劉表的功德，可實際上盡是譏諷。劉表不高興，但也不願擔著害賢的罪名，所以就叫他去見黃祖。禰衡至黃祖處，共飲，皆醉。黃祖問禰衡：「你在許昌時，覺得哪些人算是人物？」禰衡說：「大兒孔文舉（孔融字），小兒楊德祖（楊修字）。除此二人，別無人物。」（「大兒」、「小兒」為大丈夫、好男兒之意）黃祖說：「那你看我怎麼樣呢？」禰衡說：「你像廟中的神，雖然受祭祀，遺憾的是不靈驗！」黃祖大怒，說：「你竟把我比成是土木作的偶像了！」於是盛怒之下便殺了禰衡。

禰衡雖是名士，但卻不是一位聰明人，有些才學就狂妄自大，大肆批評別人，當然會給自己帶來殺身之禍。驕傲往往使我們看不到自身的缺點，因而也就常常把別人的意見當做耳邊風。驕傲就像籠罩在人身上的一團臭味，趕走了本來可以給你良言的朋友。

　　面對一個使人難堪的批評時，你會不會靜下心來，反思自己，虛心接受別人的批評？中國有句老話：「謙受益，滿招損。」因此，當你對別人的意見不以為然、自以為是時，你最好靜下心來，反省自身。這樣，你會變得虛心，變得更加成熟。

　　有句成語叫「虛懷若谷」，意思是說，胸懷要像山谷一樣寬闊。這是形容謙虛的一種很恰當說法。只有空，才能容得下東西，而自滿，除了你自己，便再也容不下任何東西了。

　　生活之中，我們常常不自覺地變做一個注滿水的杯子，容不下其他的東西。因此應當學會把自己的意念先放下來，以虛心的態度去傾聽和學習，便會發現大師就在眼前。

　　所以，當你事業有成，受人讚揚時，千萬不能狂妄自大，只有保持謙遜的品德，才能繼續受到他人的讚揚。

▌自信與自大的差別：

做出選擇，堅持完成行動。是一種承諾與自律。　正　自信／自大　負　對財富、名聲、天賦等過度關注，認為他人低自己一等。

把優越感讓給別人

人們在某個領域成功後，往往能獲得社會的認可，他們的社會地位也將隨之發生變化。但這之後該如何面對，怎樣做人呢？

低調做人，是成功者的理智回答。低調做人，更是鞏固成功、繼續成功的一個法寶。

在生活和工作中，如果你稍做出成績，就要學會與大家分享，這才會讓旁人有種受尊重的感覺，千萬不能獨自享受。如果獨享將會吞下苦果。

西元前 478 年，斯巴達派遣年輕的貴族卡阿尼斯率領遠征軍討伐波斯。卡阿尼斯與眾人共同奮戰，不久就奪回了被波斯佔領的島嶼和沿岸市鎮。

卡阿尼斯以大無畏的勇氣和出人意料的戲劇性表現贏得了雅典人和斯巴達人的敬重。勝利而歸的卡阿尼斯等人受到人們的熱烈歡迎。但是，在慶祝的酒會上，卡阿尼斯卻獨攬了風光，接受著最高的榮譽和獎賞，但是與他一起出生入死的人卻被冷落在一旁。

被冷落的眾人很憤怒，他們決定報復卡阿尼斯，經過密謀，一個陰險的計畫產生了。不久之後，當局聽到這樣的傳言：卡阿尼斯與波斯共謀想摧毀斯巴達。

當局立即下令逮捕卡阿尼斯。聽到消息的卡阿尼斯不得不倉皇逃出，但最終還是被憤怒的人們燒死在一間小屋中。

　　卡阿尼斯的悲劇便在於不會做人，過分看重榮耀，以致丟了身家性命。由此可見，榮耀再高也是身外之物，需要被看輕，也需要與人分享。

　　達文西有一句很著名的話：「微少的知識使人驕傲，豐富的知識使人謙遜。所以空心的禾稈高傲地舉頭向天，而充實的禾穗卻低頭向著大地，向著它們的母親。」這句話便是在勸誡人們要謙虛，因為謙虛正是一種美德。

　　謙虛的生活方式就是保持低調，也就是要求我們在取得成就時不要驕傲，平時為人處世不要鋒芒畢露，不要太出風頭。在一些事情的處理上，也不要處處與人計較。

　　無論什麼時候，居於高位的人總是希望自己的地位安穩，並在智力、機敏度及魅力方面優於其他人。所以，如果你把榮耀的桂冠戴在他的頭上，他就會給予你很多東西，給自己帶來許多便利，如此一來，就會實現雙贏。

　　1610 年，義大利天文學家及數學家伽利略發現了木星周圍的衛星。這一次他把這個發現集中呈獻給麥第奇家族。他在寇西默二世登基的同時宣布，從望遠鏡中看見一顆明亮的星星（木星）出現在夜空上。他表示，衛星有四顆，代表了寇西默二世與其三個兄弟；而衛星環繞木星運行，就如同這四個兒子圍繞著王朝的創建者寇西默一世一樣。將這項發現呈獻給麥第奇家族之後，伽利略委託他人製作一枚圖章──刻著天神朱比特坐在雲端之上，四顆星星圍繞著他。徽章獻給寇西默二世，象徵他和天上所有星星的關係。

隨後，寇西默二世任命伽利略為其宮廷哲學家和數學家，並給予全薪。對一名科學家而言，這是人生中最輝煌的歲月，伽利略四處乞求贊助的日子終於結束了。

伽利略僅靠一個簡單的舉動就擺脫了四處乞求的日子。理由很簡單：貴族們實際上並不關心科學和真理，他們在意的是名聲與榮耀。人們都希望自己看起來比其他人更為顯赫出眾，伽利略就將他們的名字連結上宇宙的力量來滿足他們的虛榮。能和宇宙聯繫在一起，這樣的榮耀有誰不想得到呢？

伽利略的策略，讓這些貴族們覺得自己不只是在做提供財源這樣簡單的工作，而是讓他們覺得自己富有創造力並權傾一世，甚至比以前創造的偉業更崇高。

由此可見，對於那些身居高位的人，在必要的時候給予他們榮耀，會給自己帶來許多便利。伽利略不但沒有以自己的發現，挑戰寇西默二世的權威，或者讓他們在某一方面感覺自己的不足之處，反而把他們比做行星，讓他們整個家族在義大利的王室之間璀璨奪目。他沒有搶贊助者的風頭，而是把榮耀的桂冠戴在別人頭上。

也許有人會認為伽利略過於逢迎這些貴族，而失去作為一名科學家應有的品格。但是，科學家也不能逃避生活的反覆無常，他們也需要有足夠的經濟支撐。如果僅僅用一個小策略就能獲得更多的支持，又何樂而不為呢？

同樣道理，身在職場，我們要做的是不要吹噓自己的才華，而

是要在同事和上司面前保持低調,不要讓他們感覺到壓力,把榮譽讓給他們,你才能贏得人脈,在職場上遊刃有餘。

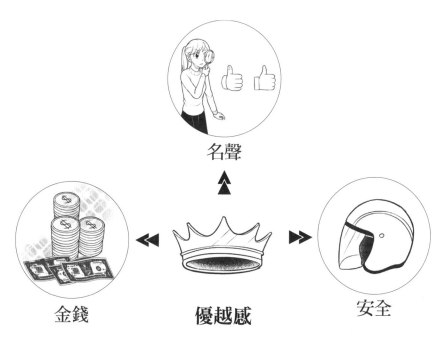

以優越感做一筆划算的交易!

運用換位思考創造相處空間

　　尊重別人,別人才能尊重你,進而慢慢喜歡上你。一般而言,人們對於自尊往往存有不容侵犯的保護意識。因此,一旦個人的自尊遭受侵犯或攻擊時,即使對方事後表示歉意,恐怕也已無法彌補雙方的惡劣關係。

　　相反的,如果你能顧及對方的自尊,處處為對方的自尊設想,

那麼，對方必然會因此對你表示友好與感謝。

顧及他人的心態及立場，尊重他人的自尊，乃是相當重要的為人之道，也是你想要贏得人脈、受人歡迎的不可或缺要素之一。

很多時候，父母和孩子之間的代溝、夫妻情侶之間的分歧、上司和下屬之間的矛盾，都是因為沒有設身處地為對方著想。因為不了解對方的立場、感受及想法，我們無法正確地理解和回應。然而遺憾的是，很少有人有這樣的「好奇心」，人們更多的是站在自己的位置上，認為別人應該怎樣；或者是站在「一般人」的立場上去界定別人「應該」有的想法和處理方式。

其實，養成換位思考的習慣，學會站在別人的角度思考，你可以收穫更多：

1. 多一份理解，少一點矛盾

如果只從自己的角度來考慮問題，世界上那些不如意的事情都可能成為引發矛盾的導火線。為什麼老闆要求這麼嚴格？為什麼媽媽那麼囉嗦？為什麼他會拒絕我的好心？如果你接下來的推理不再以自己為中心，把對方當做主詞繼續說下去，你會發現原來別人也有難言之隱，有良苦用心，有為難之處，那麼所有的問題都將迎刃而解。

2. 多一份博大，少一腔怒氣

也許你還會為一件事情耿耿於懷，甚至大動肝火，但是若能站

在別人的角度上思考，你將會更加善解人意，更加細心，更加寬容，更加和善，也會因此而心平氣和。當一腔怒氣消散了，你的人格同時也將得到了昇華。

3. 多一點信賴，少一點盲目

為別人著想，給對方帶來的是方便、利益和愉悅，別人自然會把你當做自己人來看待，無形之中就會信任你。而對你自己而言，先前那些盲目、不釋然、困惑、惱怒，都會因此消除。

必要的時候把別人當成自己，或把自己當成別人。將心比心，進行一番換位思考後，你的心情自然會豁然開朗，且若能在真誠的寬容下善待別人，也是善待自己。其實，生活在群體中，都應學會站在對方立場看問題，多理解與關心別人，就能處理好各種人際關係。

卡內基・梅倫大學的商學教授羅伯特・凱利，曾在加利福尼亞州某電腦公司遇到一位程式設計師和他的上司就某個軟體的價值問題發生爭執。凱利建議他們互相站在對方的立場來爭辯，結果過了 5 分鐘後，雙方便了解了彼此的想法。且對於那麼快找出解決方法，都笑了起來。

其實，在人與人的溝通過程中，心理因素有著相當重要的作用，人們都認為自己是對的，對方必須接受自己的意見才行。所以，如果雙方在意見交流時，能夠進行換位思考，就能避免大動肝火，很快找到問題的癥結所在。

當今社會飛速發展，人們的工作節奏明顯加快，生活壓力空前高漲，若能營造一個輕鬆快樂的社會交際圈對人們緩解壓力、促進身心健康與提高工作效率，就能達到一個調節作用。所以在與人的交往中，一定要養成換位思考的習慣，對他人多一些包容與理解，少一些矛盾、怒氣和偏執，這樣對自己、對他人、對社會都是一件好事。

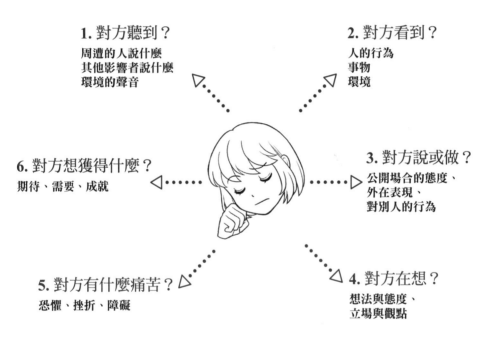

1. 對方聽到？
周遭的人說什麼
其他影響者說什麼
環境的聲音

2. 對方看到？
人的行為
事物
環境

6. 對方想獲得什麼？
期待、需要、成就

3. 對方說或做？
公開場合的態度、
外在表現、
對別人的行為

5. 對方有什麼痛苦？
恐懼、挫折、障礙

4. 對方在想？
想法與態度、
立場與觀點

┃下次不妨練習站在對方的角度思考！

👍 **攻略摘要**

　　有遠大志向，才能成為傑出人物。但要成為傑出人物，光是志向高遠還遠遠不夠，還必須從最底層的事情開始學習。在你還默默無聞不被人重視的時候，不妨試著做好一個普通人應做的普通事，這樣你的視野將更廣闊，會發現許多意想不到的機會。

月盈則虧，水滿則溢。
——《紅樓夢》

攻略
06 抽離當下，別讓情緒控制你

說明｜人們常說：靜以修身，儉以養德。只有能控制住自己情緒的
人才能夠成功。錯事可以改正，但傷害是不會磨滅的。與其
在傷害別人後道歉，不如學著控制自己的脾氣。

運用｜當情緒猛然衝擊我們的內心，先別急著做出反應或牽連他
人，透過幾次深呼吸，就能避免許多衝突與懊悔的發生。

聽說你跟一位年輕的女教師有曖昧行為，請問真有其事嗎？

議會議員競選

不要胡說，沒有這回事，我才不是這種人！

每次有人提到謠言，男子都極力澄清自己的清白

我沒有。

我從來沒做過這種事！

如果謠言是假的你就不會這麼急著否認了！我要跟你離婚。

因為男子每次面對謠言的反應，讓不相信的人也開始信以為真，最終鬧的家庭也失和離婚了

我真的沒做啊

20世紀60年代早期的美國，有一位很有才華、曾經做過大學校長的人，要去競選美國中西部某州的議會議員。此人資歷很高，又精明能幹，博學多識，十分有希望贏得選舉的勝利。

但是，一個很小的謠言很快就隨之散播開來：「3年前，在該州首府舉行的一次教育大會中，他跟一位年輕的女教師『有那麼一點曖昧的行為』」。這其實是一個彌天大謊，然而這位候選人卻不能控制自己的情緒，他對此感到非常憤怒，並盡力想要為自己辯解。

在以後的每次集會中，他都站起來極力澄清事實，證明自己的清白。其實，大部分選民根本沒有聽到或過多地注意到這件事，但是，後來人們卻愈來愈相信有那麼一回事了。民眾們振振有辭地反問：「如果你真是無辜的，為什麼要百般為自己辯解呢？」

因此這位候選人的情緒變得更壞，他氣急敗壞、聲嘶力竭地在各種場合為自己辯解，以譴責謠言的傳播者。然而，這卻使人們對謠言信以為真。最悲哀的是，連他的太太也開始轉而相信謠言了，夫妻之間的親密關係至此消失殆盡。

最後他在選舉中敗北，從此一蹶不振。

為小事抓狂的人容易被人利用

流言其實是很脆弱的，你不理會它，它就會自己消失；反而你越辯解，它就越是如影隨形。因此，不管你是身處什麼環境，做好自己的事就好，完全不必理會那些無聊的流言。

漢代公孫弘小時候家裡很貧窮，過著清苦的日子。所謂窮則思變，他發奮學習，苦讀詩書，十年寒窗，終於飛黃騰達，做了丞相。雖然他居於廟堂之上，手握重權，但是在生活上依然保持小時候儉樸的優良作風。吃飯只有一個葷菜，睡覺蓋的也是普通人家用的棉被。他的僕人們也不禁感歎：「我家主人才是真正的清廉啊！」

　　這些話很快就傳進朝廷，文武百官為之感動不已，但是大臣汲黯卻不這樣想。他向漢武帝參了一本，對皇上說：「公孫弘現在位列三公，不像當年生活拮据，他有相當可觀的俸祿，可是為什麼還蓋普通的棉被，吃簡單的飯菜呢？」

　　皇上笑著說：「現在朝中上下不都稱頌他廉潔儉樸嗎？公孫弘是不忘舊時之苦，也不忘舊時之德呀！」

　　汲黯搖搖頭，繼續說道：「依微臣所見，公孫弘這樣做實質上是使詐以沽名釣譽，目的是為了騙取儉樸清廉的美名。」

　　漢武帝想想，覺得有幾分道理。於是有一次，趁著早朝的時候，他找了個機會問公孫弘：「汲黯說你沽名釣譽，你的儉樸是故意做樣子給大家看的，他說的是否屬實？」

　　公孫弘一聽覺得非常委屈，本想上前辯解一番，但是轉念一想，漢武帝現在可能偏聽偏信，先入為主地認為他不是真正的「儉樸」。如果現在自己就著急解釋，文武百官也會覺得他確實是「沽名釣譽」。再想一想，這個指責也不是關乎性命的，充其量只是會傷害自己的名譽。清者自清，只要堅持自己的作風，以後別人自然

會明白的。這樣想後，公孫弘便把剛才的一股怨氣吞下去，決定不作任何辯解，承認自己沽名釣譽。

他回答道：「汲黯說得沒錯。滿朝大臣中，他與我交往頗深，來往甚密，交情也很好，他對我家中的生活最為熟悉，也最了解我的為人。他對皇上您說的，正是一針見血，切中了我的要害。」

漢武帝滿心以為他要為自己辯護，聽到這番話頗感意外，問道：「哦？是這樣嗎？」

「我位列三公而只蓋棉被，生活水準和小吏一樣，確實是假裝清廉以沽名釣譽。」公孫弘回答道，「汲黯忠心耿耿，為人正直，如果不是他，陛下也就不會知道這件事，也不會聽到對我的這種批評了！」

漢武帝聽了公孫弘的這一番話，反倒覺得他為人誠實、謙讓，更沒有想到他還會對批評自己的對手大加讚揚，真是「宰相肚裡能撐船」，從此，對他就更加器重了。其他同僚和大臣見公孫弘面對自己的批評仍能供認不諱，如此誠實，這種人哪裡會沽名釣譽呢？

可見，許多事情是不需要解釋的，對相信自己的人而言，解釋是多餘的；對不相信自己的人而言，解釋是不必要的。身正不怕影子歪，對於一些子虛烏有的流言蜚語，大可不必理會，否則，只會徒增自己的煩惱。所以，「儘管走自己的路，閒話就讓別人說吧！」

態度決定你的高度

怒氣是一種具有破壞性的情緒，也是一種最無力的情緒，生氣的人只是為了發洩自己，實際上，怒氣絲毫無助於解決問題。一個人在生氣的時候，往往會做出一些不理智的行為，等到冷靜下來，才感到後悔，但是已經於事無補了。

成功學大師拿破崙‧希爾有一天和辦公大樓的管理員發生一場誤會。這場誤會導致他們兩個人之間彼此的憎恨，甚至演變成激烈的敵對狀態。這位管理員為了顯示他對拿破崙‧希爾的不悅，在得知整棟大樓裡只有拿破崙‧希爾一個人還在辦公室中工作時，就立刻把大樓的電燈全部關掉。這種情形一連發生了幾次，最後，拿破崙‧希爾決定進行「反擊」。

某個星期天，拿破崙‧希爾在辦公室正要準備一篇在隔天晚上發表的演講稿，當他剛剛在書桌前坐好時，電燈突然熄滅了。

憤怒的拿破崙‧希爾立刻跳起來，奔向大樓地下室，他知道可以在那兒找到這位管理員。當拿破崙‧希爾到那裡時，發現管理員正在忙著把煤炭一鏟一鏟地送進鍋爐內，同時一面吹著口哨，彷彿什麼事情都沒發生似的。

拿破崙‧希爾開始對著他一連破口大罵了5分鐘之久，甚至還用了比管理員正在照顧的那個鍋爐內的火更熱辣的詞句痛罵。

最後，拿破崙‧希爾實在想不出什麼罵人的詞句了，只好停下來。

這時候，管理員站直身體，轉過頭來，臉上露出勝利的微笑，並以一種充滿鎮靜與自制的柔和聲調說道：「哎呀，您今天早上有點兒激動吧！不是嗎？」他的這句話就像一把銳利的短劍，一下子刺進拿破崙·希爾的身體。

想想看，拿破崙·希爾那時候會是什麼感覺。站在拿破崙·希爾面前的是一位文盲，他既不會寫也不會讀，但即使有這些缺點，他卻在這場戰鬥中打敗了希爾，更何況這場戰鬥的發生以及武器，都是希爾自己所挑選的。拿破崙·希爾知道，他不僅被打敗了，而且更糟糕的是，他是主動的，而且是錯誤的一方，這一切只會增加他所受到的羞辱。

拿破崙·希爾轉過身子，以最快的速度回到辦公室。他再也無法安心做任何事情，只是不停地想這件事和反省自己。但是，坦白說，他很不願意採取行動來化解自己的錯誤。

拿破崙·希爾心裡知道，必須向那個人道歉，內心才能平靜。最後，他下定決心，到地下室去，忍受必須承受的這個羞辱。

拿破崙·希爾來到地下室後，管理員以平靜、溫和的聲調問道：「您這一次想要幹什麼呢？」

拿破崙·希爾告訴他：「我是來為我的行為道歉的，如果你願意接受的話。」

管理員臉上又露出那種微笑，他說：「憑著上帝的愛心，你用不著向我道歉。除了這四堵牆壁以及您和我之外，並沒有人聽見您

剛才所說的話。我不會把它說出去的，我知道您也不會說出去的，因此，我們不如就把此事忘了吧！」

然而，這段話對拿破崙‧希爾所造成的傷害更甚於他第一次所說的話，因為管理員不僅表示願意原諒拿破崙‧希爾，更表示願意協助拿破崙‧希爾隱瞞此事，不使它被宣揚出去，避免對拿破崙‧希爾再次造成傷害。

拿破崙‧希爾向他走了過去，抓住他的手，使勁地握了握。拿破崙‧希爾不僅是用手和他握手，更是用心和他握手。在走回辦公室的途中，拿破崙‧希爾感到心情十分愉快，因為他終於鼓起勇氣，化解了自己做錯的事。

在這件事發生之後，拿破崙‧希爾便下定決心，以後一定要盡力控制自己的情緒。

憤怒往往使人失去理智，在許多場合，因為不可抑制的憤怒，使人失了解決問題和衝突的良好機會。一時的憤怒，可能意味著事過之後還要付出高昂的代價，或者事情已經永遠不可彌補了。所以真正的聰明人會控制自己的情緒，不讓自己在衝動的情況下，做出讓自己後悔的舉動，而這正是他們成功的原因之一。

▌你可以透過以下方法試著管理怒氣：

保持健康狀態	**轉移注意力**	**認識自身情緒**
身體狀況會影響心情，因此平常維持良好的飲食，少吃過油、重口味的食物或加工食品，並養成運動習慣，能幫助穩定情緒。	可以藉由離開現場、做其他事的方式，從當下的情緒抽離，在冷靜過後理性思考、解決問題，常常爭吵到最後只是剩下面子問題。	不將負面情緒視為毒藥，在經歷憤怒沮喪或哀傷後也不要過度責怪自己，以寬容的心態看待每個感受。

學會用理性的大腦去思考

許多時候我們都不能掌控自己的理智，任由非理性的因素左右自己，這是一種不明智的行為。卓越之人，總是能夠讓理性主宰自己的頭腦，讓一切歸於冷靜的判斷。

一位二戰老兵回憶起他的一次戰鬥經歷：那一次，我獨自一人擔任 F6 型戰鬥機的駕駛任務，目標是轟炸掃射東京灣。我從西太平洋的一艘航空母艦上起飛，飛機起飛後，我一直保持著高空飛行，然後再以俯衝的姿勢滑落至距目的地 300 英尺的高度執行轟炸任務。

然而，正當我以雷霆萬鈞之勢向下俯衝的時候，飛機左翼被敵軍擊中了，飛機失控並急速下墜。我發現海洋竟然在我的頭頂。你知道是什麼救了我一命嗎？

記得我在接受飛行訓練的時候，教官曾經一再叮嚀我，在緊急關頭切勿輕舉妄動，一定要沉著冷靜。飛機下墜時，我唯一能記得的就是這句話。我在心裡默默地說道，要冷靜……要冷靜。我靜靜、全神貫注地注視著局勢的發展，等候一個能把飛機拉起來的位置和最佳時機。最後，我果然幸運地脫險了。

假如當時我順著求生的欲望，胡亂地操作，必定會使飛機更快下墜而葬身大海。

一直到現在我都還記得教官說的那句話：千萬不要輕舉妄動而自亂陣腳，要冷靜地分析和判斷，抓住一個最佳的反應時機。

老兵的經歷正說明了對自己的思維、語言和行為，進行自我控制是非常重要的。所以，在工作過程中，如果你不能與其他人進行有效地交流溝通，不能耐心地聽他們談話，不能分享他們的想法，和他們關心的問題不一致的話，你就會把自己置於一個非常糟糕的境地。

缺乏自我控制力的人總是不懂得聽取他人意見，至少是不能很好地聽取意見；他們可能更關心自己的想法，而不是其他人對他們說的話。因此，請盡力控制自己的情緒，讓理智掌控自己，這樣事情才能順利進行。

當遇到不順心事情的時候，請讓自己保持清醒的頭腦，用冷靜的態度處理所碰到的麻煩，如果僅憑一時意氣和衝動行事，等待你的只有後悔莫及。

拋開先入為主的觀念和情緒

很久很久以前，一位商人聽說英國某城鎮有一位在賣「忠告」的人，就專程趕到那裡去買忠告。那個人問商人，想要什麼價格的忠告，因為忠告是按價格不同而定的。商人說：「那就買一個一英鎊的忠告吧！」那個人收下錢便說道：「朋友，如果有人宴請你，你又不知道總共有幾道菜時，那麼，第一道菜一上桌，你就吃個飽吧！」

商人覺得這個忠告並不怎麼樣，就說還要一個值兩英鎊的忠告。

「當你生氣的時候，如果事情還沒有考慮成熟，就不要蠻幹；不了解事實的真相，千萬不要動怒。」

商人還是覺得這個忠告對自己沒有多少用處，於是又要了一個價值一百英鎊的忠告。

那人便對商人說：「如果你想要坐下，一定得找個誰也攆不走你的地方。」

商人發現，繼續這樣下去可能會弄得身無分文，於是決定不再買任何的忠告。他把已買來的忠告一一銘記在心後，轉身就走。

幾年後，商人將懷孕的妻子留在家中，自己獨自到外地經商，沒想到這一去就是 20 年。妻子一直沒有得到丈夫的消息，以為他早已命喪他鄉，萬分悲痛之餘，便在兒子身上傾注了自己全部的愛。

　　終於有一天，在外地發了財的商人回家了。他沒有對任何人吭聲，就直接回到自己的家並閃身躲進一個難以被人察覺的地方，窺視著屋裡的動靜。

　　黃昏時分，一個陌生青年來到商人家，只聽見商人的妻子親切地問道：「親愛的，告訴我，你今天是從哪兒回來的？」

　　商人聽到自己的妻子這麼親切地對那個年輕人說話，心中不由得產生了一種惡念，恨不得當場殺了這兩人。但是他突然想起那個用兩英鎊買來的忠告，便決定暫時忍下沒有動手。

　　天黑了，屋裡的兩人在桌旁坐下用餐。商人看到這情景，又不禁想跳出來殺了這對姦夫淫婦。但那個忠告又在耳邊響起，使他克制了自己。

　　熄燈臨睡前，商人的妻子哭著對青年說：「唉，兒呀！聽說有一條船剛剛從你爸爸去的地方過來。明天一早，你就去打聽一下，或許能打聽到他的消息。」

　　聽到這番話，商人不由得想起離家的時候，妻子已經懷孕了，原來那個年輕人就是他的兒子。商人十分慶幸自己聽從了忠告，理性地看待事情，才得以避免造成讓自己後悔的差錯。

　　學會用理性的大腦去思考，就像那個二戰老兵以及發財回家的商人一樣，在緊要的關頭，能夠冷靜下來，理智地分析問題，並從中找出解決的辦法，所以他們保住了最寶貴的財富。

　　同樣的，在生活中總是會有一些意想不到的事情，當我們驚慌失措的時候，請記得先冷靜下來，深吸一口氣，認真地分析，然後作出理智的判斷。請記住，只有能理性思考、控制自己脾氣的人才能得到他人的友誼，贏得成功女神的認可。

▎下次碰到難題時，你可以試著：

深呼吸，穩定心神　➡️　仔細爬梳實際情形，不要放大恐懼　➡️　找出目前可行的解決方法　➡️　立刻行動，必要時求助他人

把喜怒哀樂放在口袋

　　人是感情動物，所以難免會有情緒的波動，這正是人和其他動物不同之處。不過，有人控制情緒的功夫一流，喜怒不形於色，有人則是說哭就哭，說笑就笑，當然，說生氣也就生氣！

　　哭笑隨意的情緒表現到底是好還是壞呢？有人認為那是率真，是一種很可愛的人格特質。這麼說也不是沒有道理，因為喜怒哀樂都表現在臉上的人，別人容易了解他，也就不會對他有戒心；而且，有情緒就發洩，不積壓在心中，也合乎心理健康。但說實在的，這種率真實在不怎麼適合為人處世。

喜怒哀樂表達失當，有時反而會招來無端之禍，所以我們應該把喜怒哀樂放在口袋。

其實，沒有喜怒哀樂的人並不存在，他們只是不把喜怒哀樂表現在臉上罷了！而在人性叢林裡，這一點是很重要的。

為什麼要這麼說呢？

在人性叢林裡，為了生存，人們會採取各種方法來接納力量、分享利益、打擊對手。而任何人只要在社會上待過一段時間，便多多少少會練就察顏觀色的本事，他們會根據你的喜怒哀樂來調整和你相處的方式，並時而順著你的喜怒哀樂為自己謀取利益，這也無可厚非。

可是謀取利益的另一面，有時卻是對你的傷害，就算不是傷害，你也會在不知不覺中，受到別人的控制。

一聽到別人奉承就面有喜色的人，有心者便會以奉承向他接近，向他要求，甚至向他進行軟性的勒索。

一聽到某類言語，或碰到某種類型的人就發怒的人，有心者便會故意製造這樣的言語，使這種類型的人來激怒你，讓你在盛怒之下喪失理性，迷亂心智，失去風度。

一聽到某類悲慘的事或自己遭到什麼委屈，就哀喪滿臉，甚至傷心落淚的人，有心者了解了其內心的脆弱面後，便會以種種手段來博取你的同情心，或是故意打擊你情感的脆弱處，以達到他的目的。

一個因為些許小事就樂不可支的人，有心者便可能為你提供可樂之事，好迷惑你，以達到他的目的。

確實如此，當連喜怒哀樂都不能自由表達，這種人生也沒太大的意義。不過，若因喜怒哀樂表達失當而招來無端之禍，那人生就更沒有意義了，甚至也可以說是人生的悲哀。因此，人沒有必要做一個喜怒哀樂不著痕跡的人，但不妨先把喜怒哀樂暫時放在口袋裡吧！

這麼做的好處有：

1. 把自己從情緒中抽離，便可以理性、冷靜地看待它，思索它為生命中帶來的積極意義，並進而訓練自己對喜怒哀樂的控制，做到該喜則喜，不該喜則絕不喜的地步。

2. 把喜怒哀樂放在口袋裡就是不隨便表現這些情緒，以免為人窺破弱點，給人有可乘之機。

雖說要這樣子做很不容易，但如果想到世故做人給你帶來的幸福，就不會覺得難了！

而不能把喜怒哀樂放在口袋裡的人，則無法適應這個社會。原因如下：

第一，不能把喜怒哀樂放在口袋的人，給人的印象就是不成熟，還沒長大。

只有小孩子才會說哭就哭，說笑就笑，說生氣就生氣，這種行

為發生在小孩身上，大人會說是天真爛漫，但發生在一個成年人身上，人們就不免對這個人的人格發展感到懷疑了，就算不當你是神經病，至少也會認為你還沒長大。

如果你還年輕，則尚無多大關係，但如果已經在社會上有多年歷練，或是已經過了30歲，那麼別人難免會對你失去信心，因為別人除了認為你還沒長大之外，也會認為你沒有控制情緒的能力。這樣的人，一遇不順就哭，一不高興就生氣，是不能成就大事的。

第二，不能把喜怒哀樂放在口袋的人，會被人看不起，認為是軟弱，容易生氣，甚至可能會傷害別人。哭其實也是心理壓力的一種緩解，可是人們始終把哭和軟弱扯在一起。絕大部分的人都能忍住不哭，或是回家再哭，但卻不能忍住不生氣。

生氣有很多壞處，首先是會在無意中傷害無辜的人，有誰願意無緣無故挨你的罵呢？而被罵的人有時是會反彈的；其次，大家看你常常生氣，為了怕無端挨罵，所以會和你保持距離，你和別人的關係在無形中就拉遠了；另外，偶爾生一下氣，別人會怕你，如果常常生氣，久而久之別人就不會在乎了，反而還會抱著看戲的心理，這對你的形象也是不利的；最後，生氣對身體不好，不過別人對這點是不在乎的，氣死了是你自己的事呀！

所以，把喜怒哀樂放在口袋是很重要的一件事，你不必喜怒不形於色，因為這樣會讓人覺得你陰沉不可捉摸，但情緒的表現絕不可過度，尤其是哭和生氣。如果你是個不易控制這兩種情緒的人，不如在事情發生，引動了你的情緒時，趕快離開現場，讓情緒穩定

了再回來，如果沒有地方可暫時躲避，那就深呼吸，不要說話，這一招對克制生氣很有效！

你如果能恰當地掌握自己的情緒，把喜怒哀樂放在口袋，那麼你將在別人的心目中呈現沉穩、可信賴的形象，雖然不一定能因此獲得重用，或在事業上有立竿見影的幫助，但總比不能控制情緒的人好！

很多公司在激勵員工時都有這樣一句話：你不能改變天氣，但你可以改變心情。

有一個業務員去拜訪一個客戶，不巧，這個客戶正因為家中的事情，心裡有些不高興，所以他對這名業務員的態度很不禮貌，說話也很刻薄。業務員也被搞得有些生氣了，但他還是克制住自己的情緒，把滿腔的怨氣放在口袋，甚至最後依然很有禮貌地笑著向客戶告別，並告訴客戶，謝謝他的招待。

業務員走後，那個客戶感覺很過意不去，就主動跟他打了一通電話道歉，並且還下了幾個訂單。

是的，當我們受到外界的影響並且不能改變外界因素時，怎麼樣才能使自己換一個角度看待問題呢？那就是，別忘了改變心情，把喜怒哀樂放進口袋。

將喜怒哀樂放口袋的優勢：

- **展現專業形象**
  情緒過於外顯容易讓人覺得性格不成熟、缺乏解決危機的能力。

- **保護個人隱私安全**
  常將好惡表現出來，容易落人把柄或讓有心人投你所好，加以利用。

別讓情緒毀掉你的健康

科學研究表明，人的心理狀態、特別是情緒，對身體健康有著巨大的影響。許多西方科學家的研究表明，「情緒因素」是大大縮短人們壽命的潛在殺手。

情緒變化能影響心理活動，又能影響人的生理活動。平和、安詳的情緒對人的健康有好處，而憤怒、恐懼、壓抑等情緒則對人的健康有害。情緒強烈時會使血液循環加快，消化道功能受抑制，呼吸急促，內分泌系統發生變化等等。我們可以說，從肌肉、血管、內臟及內分泌系統，幾乎人類的每一個重要生理部位都會因情緒的變化而變化，影響人的身體健康。因此在日常生活中，我們不僅要重視細菌、病毒對人體的危害，同時也要重視情緒對健康的影響。

傳統中醫很注意「七情」與疾病的關係，早在兩千餘年前的《黃帝內經》中就有記載，「怒傷肝，喜傷心，思傷脾，憂傷肺，

恐傷腎，悲傷胃」。近代心理學則以科學的根據，論證了情緒變化能影響內臟活動和內分泌腺的活動。胃受情緒影響的變化尤為明顯，當人們心情愉悅時胃口就好，而不開心時胃口就不佳。

研究人員發現，長期暴發性的憤怒，或者對這個世界懷抱敵對情緒對身體健康是有壞處的，會導致心臟病和高血壓。長壽學者胡夫蘭德即指出：「在對人們一切不利的影響中，最能使人短命夭亡的就是不好的情緒和惡劣的心境了。」

由於緊張、抑鬱、憂慮、憤怒、驚懼等情緒而引起的疾病在臨床上屢見不鮮，諸如偏頭痛、神經官能症、胃潰瘍、結腸炎、糖尿病、婦女病等都或多或少是受到了情緒的影響，臨床還發現長期不良的情緒狀態與癌症也有關。為了防止不良情緒對身體健康的影響，我們要注意控制情緒，不僅要有樂觀的心態，更要保持良好的心境。美國醫生辛德在《天天都有好日子》一書中寫道：「每個人身體內部都有人所共知、最有助於身體健康的力量—那就是良好的情緒力量。」

西漢時，有一個叫賈誼的人，被漢文帝派去教導他最喜愛的兒子梁懷王。賈誼盡心盡力地去教導梁懷王，恨不得將自己的所學全部教給弟子。但是天有不測風雲，梁懷王在一次入朝時，由於座駕受驚，墜馬而亡。賈誼身為梁懷王的太傅，感到自己沒有盡到老師的責任，沒有保護好自己的弟子。於是終日生活在後悔之中，整日哭啼，不停懺悔。很快的，賈誼就在這種悔恨情緒中死去，年僅三十二歲。

賈誼因為悲傷和悔恨導致自己的死亡，同時不也是在警醒我們嗎？俗話說：「身體是革命的本錢。」沒有健壯的身體，志向再遠大，才智再出色也只是空談。所以為了我們良好的身體著想，也需要學會控制好自己的情緒，不讓悲觀的情緒影響我們的生活。

情緒影響健康，只有隨時保持樂觀的情緒，才能使健康得到保證，以充沛的精力和飽滿的熱情去工作和生活。

記得吃早餐　　　　　　遠離精製食物

養成運動習慣　　　　　練習冥想或瑜珈

▌情緒與健康息息相關，不只要練習控制心理，也要維持生理狀態，良好的身體才有穩定的情緒！

👍 攻略摘要

　　唯有懂得自制的人，才能有效地控制自己，把握自我發展的主動權，駕馭自我。一個人除非能夠控制情緒，否則他將無法成功。俗話說：態度決定一切。這就是說，一個人的情緒糟糕，往往會把一切事情都辦糟糕。即使遇到了好事和良機，也會因為不良的情緒，使自己產生出無形的壓力，使自己的能力無法充分發揮，錯過這些機遇。

　　當然，大多數人的憤怒可能產生不了這樣嚴重的後果。工作中一次偶爾的脾氣，可能只是導致同事反目，老闆對你不再重用。但如果這樣的事一而再、再而三地重複發生，你將會到處樹敵，為你的事業設下重重障礙。

　　人在這種不良狀態下工作與生活，會心不在焉，注意力分散，更容易引發一連串的不良後果，甚至導致人的身體發生疾病。所以，我們應該提高自己的克制能力，學會控制自己的情緒，平衡自己的心態。這樣，對我們的人脈才有著莫大的幫助。

從容不迫的舉止，比起咄咄逼人的態度，更能令人心折。

——《親愛的三毛》

07 永遠保持謙遜，你不是世界的中心

說明｜只有在我們做好能力範圍內的每件事後，才能不斷提升自
己，讓自己不斷進步。因此，唯有先認識了自己，才能看清
這個世界。

運用｜當一個人膨脹得太大，就沒有空間容納朋友和貴人了。在經
營人脈時，得先好好認識自己，把守本分，才能免於危機。

你被放對位置了嗎？

富蘭克林說：「寶貝放錯了地方，便是廢物。」每個想成功的人，都要懂得經營、發展自己的長處。

1948 年 5 月 14 日，以色列誕生，但不久後以色列與周圍阿拉伯國家的戰爭便爆發了。已經定居在美國十多年的愛因斯坦立即向媒體宣稱：「現在，以色列人不能再後退了，我們應該戰鬥。猶太人只有依靠自己，才能在一個對他們存有敵對情緒的世界裡生存下去。」

1953 年 11 月 9 日，愛因斯坦的老友以色列首任總統魏茲曼逝世。在此前一天，就有以色列駐美國大使向愛因斯坦轉達了以色列總理本·古里安的信，正式提請愛因斯坦為以色列共和國總統候選人。當晚，一位記者打電話至愛因斯坦的住所，詢問愛因斯坦：「聽說總理要請您出任以色列共和國總統，教授先生，您會接受嗎？」

「不會。我當不了總統。」愛因斯坦答到。

記者仍不死心地勸說，「總統沒有多少具體事務，他的位置只是象徵性的。教授先生，您是最偉大的猶太人。不，不，您是全世界最偉大的人。由您來擔任以色列總統，象徵猶太民族的偉大，我想是再好不過了。」

沒想到，愛因斯坦仍堅決地說，「不，我做不了。」不久，愛因斯坦甚至在報上發表聲明，正式謝絕出任以色列總統。在愛因斯

坦看來，「當總統可不是一件容易的事。」同時，他還再次引用他自己的話：「方程式對我來說反而更重要，因為政治只看眼前，而方程式卻是永恆的。」

看清自己的位置，不要越線還不自知

馬克吐溫是美國幽默短篇小說大師，遺憾的是這位文學創作方面的傑出天才在商界卻是一個十足的「笨蛋」。他一生中的兩次經商，是兩次傷心的「決策失敗」，更是兩次「黃金夢」的破滅。

馬克吐溫的第一次經商活動，是從事排版機的投資。時間是在1880年，馬克吐溫已經45歲了。在此之前，他靠爬格子發了點小財，並有點名氣。一天，一位叫佩吉的人來敲他的門。佩吉對馬克吐溫說：「我在從事一項排版機的研究，眼看就要成功了。當研發成功、產品投放市場後，金錢就會像河水一樣流來。現在我只缺最後一筆實驗經費，誰敢投資，將來他得到的好處肯定難以計數。」

聽完後，馬克吐溫便爽快地拿出2000美元投資研製排版機，至於實驗者的研究能力、研究方案的可行性和確切價值如何，他一點兒也不知道。一年過去了，佩吉再次找上馬克吐溫，對他說研究快成功了，只需要最後一筆資金。馬克吐溫二話沒說，又把錢給了他。

兩年過去了，佩吉又拜訪了馬克吐溫，仍熱情地說：「快研究成功了，只還需要最後一筆錢了。」如此三年、四年、五年……，時間一晃眼就是七個年頭，但是這個「快成功」的排版機還是沒研

發成功。馬克吐溫屈指一算，先後竟有 2 萬多美元就在佩吉這種「熱情」中喪失。

馬克吐溫哪能料到，「真正的成功」竟是遙遙無期地拖延下去。他 45 歲開始投資研製排版機，到已是滿頭白髮的 60 歲老人時，排版機還沒研製成功，而被這無底洞吞掉的金錢，卻已達 19 萬美元之多。

最終，佩吉的排版機還是沒有研製成功，馬克吐溫發大財的美夢成了泡影，用心血換來的 19 萬美元也付之東流。

馬克吐溫的第二次經商則是開辦出版公司。

當馬克吐溫 50 歲的時候，他的名氣更大了。他所寫的書有不少都成了暢銷書，人們爭相購閱。出版商看準這行情，便爭相出版他的作品，想藉此發財。

看著自己作品的出版收入大部分落入出版商的腰包，而自己只能拿到其中的一小部分，馬克吐溫頗有感觸。他心想：為什麼我不自己開個出版公司，專門出版、發行自己的作品？這時候，他手頭有 6 部作品即將完稿。他仔細算了一下，如果把它們交給出版商，最多只能得到 3000 美元的稿酬，但如果自己出版的話，至少可以得到 2.5 萬美元的收入，二者相差 8 倍之多。因此他決心當個出版商，出版自己的作品。

可是，馬克吐溫沒有任何建立和管理出版公司的經驗，就連最起碼的財務會計知識都不懂。他只好請來 30 歲的外甥韋伯斯特擔任

公司的經理，然後由他出面，貸款購買了 20 部印刷機，建立 7 家裝訂所，還聘請了 1 萬多名業務，大張旗鼓地做起生意了。

但是，最終還是不善經營，這個出版公司勉強維持了 10 年，就在 1894 年的經濟危機中徹底坍塌。馬克吐溫為此還背上 9.4 萬美元的債務，他的債權人竟有 96 個之多。他最終還是在經商活動中徹底失敗了。

愛因斯坦清楚自己的長處是從事物理學，而不是政治才能，所以他的選擇是明智的。而馬克吐溫偏偏用自己的短處來經營，越過了自己的底線，所以他經商失敗也是不可避免的，並且白白給自己增添了許多的煩惱。

▋了解自己的能力和適合的位置，才能施展拳腳。

別太把自己當回事

三國時期，在魏武帝曹操手下任主簿之職的楊修，學問淵博，頭腦清晰，人人都稱讚他是個聰明人，可惜聰明人卻不見得有智慧。起初曹操賞識他的機敏，很重用他，楊修卻因此不安分起來，覺得自己就是天下第一聰明人，愈加喜歡賣弄自己，耍小聰明。

當時曹操建造一座花園，在完工前去視察。曹操四周走了一圈，什麼也沒說，只在園門上寫了一個「活」字就走了。工匠們不解其意，忙去問楊修。楊修說：「丞相嫌園門設計得太大了。」工匠們按楊修的提示修改了方案。曹操見改造後的園門，心裡非常高興，便問了工匠們是如何知道自己的心意，工匠們說多虧了楊主簿的指點。曹操口中稱讚楊修，心裡卻不禁嫉恨起楊修的才華。

後來，有次曹操與楊修騎馬同行，當路過曹娥碑時，他們見碑陰（碑的背面）鐫刻了黃絹、幼婦、外孫、齏臼八個字。曹操問楊修是否理解這八個字的意思，楊修正要回答，曹操說，「你先別講出來，容我想想」。直到走過三十里路以後，曹操說：「你將答案寫下來，我也寫下來，咱們比比看誰的答案對。」

結果二人寫的都是：「黃絹，色絲也，並而為絕；幼婦，少女也，並而為妙；外孫為女兒的兒子合而為好；齏臼是盛辛辣物的容器，受辛（古字）為辭。這八個字表示絕妙好辭，是對曹娥碑碑文的讚美。」讓曹操不得不驚歎道：「爾之才思，敏吾三十里也。」

又一次有人自塞外給曹操送來一盒酥，曹操吃了一塊以後，便

在盒子上寫三個字──「一合酥」就出去了。旁人都不解其意，楊修看到後說：「丞相是讓我們一人吃一口酥啊。」然後就把這盒酥分給大家吃掉了。曹操回來後，發現那盒酥已經被大家吃完了，就問怎麼回事。旁人將實情告訴他，曹操只是笑笑，但是心中特別不高興。

平時曹操擔心被人暗害，便對左右的人說：「吾夢中好殺人，凡吾睡著時，汝等切勿靠近。」一日，他午睡時被子落在地下，一位近侍幫他拾起復蓋在身。曹操拔劍殺之，然後又倒頭入睡。起床後，還假意問道：「是誰殺了我的近侍？」眾人以實相告，曹操痛哭，命人厚葬。眾人都以為曹操是夢中誤殺，今見曹操又是痛哭，又是厚葬，不但不怪曹操，還多有稱讚之辭。臨葬時，楊修指著死者說：「丞相非在夢中，君乃在夢中耳。」（意指丞相並不是在睡夢中，你才是在夢裡啊。表示「夢中殺人」僅是曹操的藉口）曹操聽後，愈加嫉恨。

後來，曹操的軍隊與劉備在漢水作戰，二軍對峙，久戰不勝。是進是退曹操心中正猶豫時，適逢廚子送來雞湯，見碗中有雞肋，曹操因而有感於懷。沉思低吟時，夏侯惇入帳問夜間口令。曹操隨口說道：「雞肋！」行軍主簿楊修一聽夜間口令為「雞肋」，便立即讓士兵收拾行裝，準備歸程。夏侯惇忙問其故，楊修曰：「雞肋者，食之無肉，棄之可惜。丞相的意思是如今進不能勝，退恐人笑，在此無益，不如早歸。來日魏王必班師矣。」本來曹操在進退兩難之際，真有班師北歸之意，但見楊修又說破他的心思，非常氣惱，便大聲呵斥道：「汝怎敢造言，亂我軍心。」便喝令刀斧手將

其推出斬之。楊修確實是聰明之徒，他能很快識破曹操的心思。但是他也很愚蠢，就連曹操對他的不滿都沒能看出來，自己把自己關在「天下第一」的牢籠中，後來果真引來殺身之災。

　　每個人都有著自己的優勢，但是沉浸在優勢中，不能自拔，總感覺自己是世界的中心，那就是愚蠢了。所以請接受這一條勸告：只有真正認識自己的人，才不會把自己放在危險的境地；懂得收斂的人才有真智慧，才能達到真正的不敗境地。

▌不管在職場還是家庭裡，謙虛和適當「裝傻」都極為重要，不強出頭有你想不到的許多好處：

避免樹敵　>>　過於展露鋒芒會招致忌妒，和身邊的人維持同等的高度才是明哲保身的法則。

氛圍融洽　>>　適當地為自己或上司、同事裝傻可以讓關係更為融洽，避免衝突的發生。

提升好感　>>　涉及利益分配時，適當地裝傻與退讓，反而能博得更多好感。

先做好自己能力範圍內的事

人生就是這樣，不可能所有人都滿載而歸，總是幾家歡樂幾家愁。人畢竟是環境的產物，因而總要受到某些制約——無論是環境條件，還是自身的因素。當你所處的環境不容許你實現理想，或是自身條件不足時，你的理想將暫時不能實現，甚至將成為空想。有了這些限制性因素，好比是讓你戴著腳鐐來跳舞，能不能跳好這支舞，關鍵即是在於你是否懂得量力而為。

首先，你應該了解客觀的環境條件。要知道，給你的是木材，你永遠也製不出金雕工藝品，但你可以把他雕琢成八面玲瓏的木雕藝術。你應該了解自己，清楚自己的實力，知道如何在所處的環境中朝目標邁進，並在給自己一個清楚的定位後，再盡力而為。

一隻老鷹從高岩上以非常優美的姿勢急速俯衝而下，把一隻羔羊抓走了。烏鴉看見了，非常羨慕，心想：要是我也能這樣去抓一隻羊，就不用天天吃腐爛的食物，那該多好呀！於是牠反覆練習老鷹俯衝的姿勢，希望能像老鷹一樣去抓一隻羊。

一天，這隻烏鴉覺得練習得差不多了，就從山崖上急速俯衝而下，猛撲到一隻羊身上，狠命地想把它帶走。儘管牠不斷地使勁拍打翅膀，但仍飛不起來。牠想放棄飛走，然而腳爪卻被羊毛纏住，無論如何都拔不出來。牧羊人看到後，趕緊跑過去將它一把抓住，剪去牠翅膀上的羽毛。傍晚，他帶著烏鴉回家，交給孩子們玩。孩子們問這是什麼鳥時，牧羊人回答說：「這確確實實是一隻烏鴉，可是牠自己卻偏偏要充當老鷹。」

所以，正確地估量自己，做能力所及的事情，不要好高騖遠，我們才能擴大自己的能力範圍，不斷提升自己。

了解自己，做個不隨波逐流的聰明人

春秋時期，在齊國有一位被公認的美男子，大家都叫他徐公。和徐公家離的不遠，有一戶人家，那家的主人叫鄒忌。

鄒忌也是一位魁偉漂亮的男子。一天早上，他穿好衣服，對著鏡子，問他的妻子說：「妳看我和那個徐公比，哪位俊俏些？」

妻子答道：「當然是相公您俊俏啦，徐公他哪能比得上您呢？」

由於徐公是聞名齊國的美男子。因此鄒忌不相信自己會比徐公更漂亮，所以又去問他的小妾：「妳看，我和徐公比，哪位俊俏些？」

妾也回答：「徐公雖然俊俏，但他比起您還差得遠呢！他怎麼能和您比呢？」

鄒忌聽到妻妾都這樣說，感到很得意，心想：連妻妾都這樣說我，那肯定就是我最美了。

過了一天，有位客人來鄒忌家拜訪，鄒忌擺下酒席招待他。席間，他又順便問客人：「我和徐公比，你認為哪位更俊俏一點呢？」

客人的回答也同樣是：「徐公沒有您俊俏。」

這句話使得鄒忌更加得意了，他現在都不知道自己有多俊俏了。

　　又過一天，徐公來到了鄒忌家，鄒忌就把徐公的面貌、身材、姿態等各方面都仔細打量了一番，又暗中和自己相比，始終看不出他有什麼地方比徐公俊俏。

　　徐公走了以後，他又去照了一回鏡子，更覺得自己跟徐公相比的確是大為遜色。

　　鄒忌為這事整晚睡不著覺。他想了又想，終於得出一個結論：「妻子對我有偏愛，當然要說我俊俏；妾呢，她是怕我的，所以也說我俊俏；至於客人當面捧我，那還不是因為他有求於我！」

　　無疑地鄒忌是明智的，他沒有迷失在旁人的甜言蜜語中，而是清醒地認識自己。所以，了解別人的人是智者，了解自己的人才是真聰明。其實，一個人的眼睛天生只看得到周圍的環境和人，只有借助鏡子、水等才能看到自己。同樣的，我們能夠清楚地看清別人的弱點和缺陷，但卻可能對自己的不足之處熟視無睹。所以我們應該時常反思，在看清別人的同時，是否也看清了自己呢？

　　成功關鍵在於你一定得認識和了解自己，而這件事只有你自己才能完成，也是一個非得靠你才能解答的問題，如果你能真正了解自己的長處，即能在實踐中揚長避短、快速成功。聰明人都有自知之明，能客觀地對自己做出評價，從不掩蓋自己的弱點，而是積極地去改變自己的弱點，使自己不斷獲得進步，發揮長處，以取得事業上的成功。

　　紅花雖然鮮豔奪目，惹人喜愛，但是，如果你是小草，就安分把小草的角色做好，不要想著去與百花爭奇鬥豔，否則，你就會落入一個很難看的下場，就如同那隻不自量力的烏鴉。

他人必定有值得學習或借鑑的地方

　　我的童年玩伴小李在念大學時就比別的同學懂得多，畢業十幾年後見到他，他還是懂得比他的同學都多。

　　原來他的祕訣就是喜歡向不同行業的人汲取新知！他在念書時就有這個習慣，除了看報、看雜誌，充實本科專業之外的知識，他還會想辦法和別科系的同學聊天，所以有些科系他雖然沒有進修，但多少都懂一些。

　　此外，他也和來自不同地方、不同背景的同學聊天，所以大學沒畢業，就已經像一位在社會上打滾多年的人了。

　　上班後，小李更把這個習慣有計劃地當做工作的一部分。他和同一單位，不同專業、不同背景的人聊天，也和不同單位的人聊天，更和非本行的外界人士聊天。

　　他的做法是這樣的：

　　在有聚會的場合，交換過名片後，他會在恰當的時機挑選一個具有新聞性的話題，向他鎖定的對象發問。

　　大部分人都喜歡在公眾場合中受到注意，有人發問，當然恨不

得把所有時間包下來，好好講個痛快。所以問的問題或許不很專業，但得到的回答卻很專業。正也因為這一問，也使他交到了很多朋友，畢竟那麼多人只有你問他，對方當然就對你有特別的印象！

於是他之後會準備第二次見面，而為了避免唐突或引起戒心，他都會找朋友做伴。

如果是非聚會的一般場合，他會恰當地和對方聊幾句，幾乎每個人碰到他，都會很樂意地說一些。因為他的發問給了對方一種被尊重的感覺，對方就更樂意地向他傳授各種專業知識。

因此，小李擁有廣博的知識就不意外了！

他現在是一家外商公司的經理，而他的升遷和他的習慣是不是有直接關係不得而知，但即使沒有直接關係，我想至少也有間接關係，因為對不同行業了解得越多，有助於對本業的判斷和思考，且至少朋友多，做事也方便呀！

而最可貴的是，他所得到的都是第一手經驗，這價值遠非報紙雜誌和書本所寫的能比！

那麼該如何向不同行業的人吸取知識呢？小李也跟我分享了一些要訣。

1. 要抱著請教的態度

誰都不敢自詡是專家，但有人請教，就會輕飄飄起來，因為被對方肯定了。所以若你用請教捧了他，他不知無不言才怪！但要記

住，千萬不要和對方辯論，寧可多提幾個問題讓他解釋。因為辯論不會有結果，即使辯贏了，你也可能失去本可以成為朋友的人！

2. 妥善找尋問題的切入點

你總不能開口就說請介紹你的專業吧？太幼稚的問題，對方有時會不耐煩，懶得回答。那麼該怎麼找到切入點呢？

就是多看報紙雜誌，廣泛了解社會的脈動，例如碰到律師，你就可問他赦免死刑犯的問題。如果一時找不到切入點，先從經濟問題下手準沒錯。

3. 態度要誠懇、認真，不要給人只是隨便問問的感覺

最好過程中還要能做筆記，當對方看到你做筆記，不感動也難！

4. 最後，不要急於一時

太急於了解對方的行業，會讓對方以為你別有所圖！先交朋友再了解，就不會打草驚蛇。一次了解一點，彼此熟了，他想不讓你了解也沒辦法！

總之，不要認為和你不相干行業的人就和你的工作不相干，各種行業之間都有依存關係，所以，打開你的心靈大門，去接納各種不同背景、不同行業的人吧！

著名作家威廉遜就經常靠著從不同的行業人士身上累積新知，以此作為寫作的素材。

　　在一次晚宴上，他和生物學家古斯先生偶遇，並開始交談起來。

　　古斯先生所談的非洲瑪拉山區野狗的情況，讓他對該區野狗的生活產生了很大興趣。一整個晚上，他都在向古斯先生請教野狗的生活習性、生理知識、活動範圍等。

　　而接下來的幾天，他更是親自登門向古斯先生學習請教，掌握了大量非洲瑪拉山區野狗的新知。

　　一年之後，一部以瑪拉山區野狗為背景的小說《野狗天堂》榮獲年度小說特等獎。該書的作者正是威廉遜。

　　對於怎樣學習，大詩人陶淵明也有著一段精闢的見解：勤學如春起之苗，不見其增，日有所長；輟學如磨刀之石，不見其損，日有所虧。

　　這是陶淵明離開官場後隱居田園，他家附近有群書生前來請教如何做學問時，所作的回答。

　　田裡的秧苗其實每天都在長大，只是我們無法用肉眼看見而已；磨刀石每天都有耗損，只是我們無法覺察出來而已。做學問也是如此，不是一朝一夕之功。所以不能浮躁，只要每天都有收穫，日積月累就能大有長進，千萬不要希冀在一兩天就有顯著的效果。同樣的道理，如果稍有懈怠，知識就會像磨刀石一樣悄悄虧損。所

以，只要切忌浮躁，腳踏實地去學，就能有所作為。

　　要成功，首先就要做事腳踏實地、勤勤懇懇，打好紮實的基本功。浮躁的心情不利於成就任何事情，只有一步一腳印，一步一臺階，不斷地學習，提高自己的本身素養，才能走得又遠又穩。

▌依照以下步驟，以他人為師，就能為自己的知識加值！

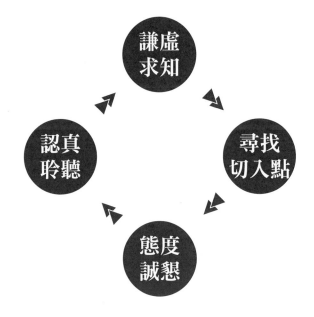

　　經常會有人覺得自己的能力比別人強，但運氣總不如別人的好。但事實上，上帝對每一個人都是公平的，只有真正做到了優秀，才會有人認為你優秀，否則，自命清高只會把自己侷限在個人狹小的圈子，而沒有進步。不去學習別人的長處，也不懂得分析自身劣勢的人，永遠也難以在與人相處或職場競爭中取得有利的地位。

　　一個人能知道自己的短處，勝算才多；只看到別人的成就而不知人家背後成功的原因，就已經輸了一半，若此時再不知檢討，只懂嫉妒或自怨自艾，那就輸定了。

當我們表現謙卑，正是我們最接近偉大的時刻。

——泰戈爾

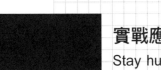

實戰應用

Stay hungry. Stay foolish. Stay humble. 我們都想保持求知若渴，謙虛為懷的精神，但實際上沒有這麼容易對吧？小小的成就即可使我們自大，而出現盲點，因此自省是相當重要的一項功課。放下自己的防衛心，每天花個半小時（也許通勤就是個很適合的時間點），好好思考今天學到了什麼，有那裡可以改進，相信你會更快樂、有效率地規劃人生。

攻略 08 低頭不等於輸，
吃虧要懂得占便宜

說明｜敢於碰硬，不失為一種壯舉。可是，胳膊畢竟擰不過大腿，
　　　硬要拿著雞蛋去與石頭鬥狠，只能算作是無謂的犧牲。只有
　　　懂得順勢低頭的人，才能算得上真俊傑。

運用｜退讓不是認輸，而是聰明、成熟的表現，不失為一種勝利的
　　　延遲。

小子，把橋下的鞋撿上來給我。

張良

孺子可教也，五日後的凌晨再到橋上找我吧！

五天後的凌晨，張良匆匆趕到橋上，不料老人已先到

為什麼遲到？再過五天早點來。

下次，張良果然比老翁先到，老翁滿意地將畢生所學傳授與他

這本秘笈以後就是你的了。

沉默卡爾，少說少錯

人的一生難免會遭逢難堪的誤解，遇到他人不公正的批評甚至辱罵，但要記住：不要因對方的一句不公正批評或難聽的辱罵而失去理智。

卡爾文‧柯立芝（John Calvin Coolidge, Jr.）是美國第29任總統哈定任內的副總統。1923年8月2日，他在父親的農莊度假時，突然接到哈定總統逝世的電報，翌日即宣誓就職總統。柯立芝信奉「無為而治」的政治哲學，認為「少管閒事的政府就是最好的政府」。

柯立芝的綽號是「沉默的卡爾」。只要柯立芝願意，他能連續幾個晚上坐在那兒抽煙而不說一句話。

1924年大選時，熱心的記者圍住柯立芝。一位記者問到：「請您談談對大選的估計！」怎知柯立芝立刻回答：「不！」又一位問：「請您談談世界形勢吧。」他依然又說「不！」又有人問：「關於禁酒令，您有什麼要談的嗎？」科立芝依舊回答說：「無可奉告！」記者們十分掃興，紛紛準備離去。這時，柯立芝嚴肅地對他們說：「記者先生，記得不准引用我的話喔！」

還有一次，柯立芝去加州旅行，在返回華盛頓前，他接受了當地電臺的採訪。當記者請他向全國人民講幾句話時，只見柯立芝清清嗓子簡短地說：「再見！」柯立芝為自己的少言寡語作過這樣的解釋，他說：「你保持沉默，對方就不會繼續糾纏你。」

適時沉默是一種明智的行為

說話是一門技藝，沉默更是一門藝術。

在職場上，你可以不去攻擊別人，但要懂得保護自己。當有同事惡意攻擊你時，你的最佳防衛方式就是要學會「裝聾作啞」。聾啞之人是不會和人起爭執的，因為他既聽不到也說不出。同事自然不會找這種人鬥，因為鬥了也是白鬥。同事如果還一再挑釁，只會凸顯他的好鬥與無理取鬧，因此面對你的沉默，這種人多半會在幾句話之後就倉皇地且罵且退，離開現場，要是你還裝出一副聽不懂的樣子，那麼更能讓對方敗走！

某房地產公司裡有一個喜歡批評人的上司，很多同事在被他攻擊之後，不是辭職就是請調。

一天，她的矛頭指向一個平日只是默默工作、話語不多的女孩，誰知那位女孩只是默默地笑著，一句話沒說。

最後，氣勢洶洶的上司主動鳴金收兵，而且還把自己氣得滿臉通紅，一句話也說不出來。

過了兩個月，這位上司竟然自己申請外調了。

沉默是金，也許並非人生箴言，卻也是許多風雨人生的凝聚。早在白居易的詩中，就有了「此時無聲勝有聲」的意境。到了語言所表達的極限，便需要用沉默來體會和理解。那時，人才會明白沉默的美，沉默的內涵，沉默的氣魄，才會懂得沉默真正的意義。

　　沉默，並不是讓大家永不說話，該說的時候還是要說的。即使像佛祖那樣境界的人，也還是會與人說話，傳授佛法，適度的語言本身也是一種沉默。

▌一個巴掌拍不響，面對不理性的爭執最好的方式就是「裝聾作啞」。

好漢也得吃眼前虧

　　中國人歷來提倡「以忍為上」、「吃虧是福」，這是一種玄妙的處世哲學。常言道：牛不低頭飲不著水。做人是得悟一悟牛低頭飲水的道理。

　　張良便是一位善於「低頭」而成大事的人。

　　他原本是一個落魄貴族，後來作為漢高祖劉邦的重要謀士，運籌帷幄之中，輔佐高祖平定天下，因功高被封為留侯，與蕭何、韓信並稱為「漢初三傑」。

張良年少時因謀刺秦始皇未遂，被迫流落到下邳。一日，他到沂水橋上散步，遇一名穿著短袍的老翁。老翁故意把鞋丟到橋下，然後傲慢地指使張良說：「小子，下去給我撿鞋！」張良愕然，不禁想出拳打他，但礙於長者之故，終究還是不忍下手，只好違心地下去撿鞋。但是，老人又命其給穿上，心懷大志的張良對此帶有侮辱性的舉動，居然強忍不滿，膝跪於前，小心翼翼地幫老人穿好鞋。老人非但不謝，反而仰面長笑而去，張良呆視良久。沒想到老人又折返回來，讚歎說：「孺子可教也！」並約五天後的凌晨在此再次相會。張良迷惑不解，但仍然跪地應諾。

　　等到五天後雞鳴時，張良便急匆匆趕到橋上。不料老人已先到，並斥責他：「為什麼遲到，過五天後，你早點來。」第二次會面時，張良特地趕在雞鳴前就到橋上，卻還是晚了。第三次，張良決定半夜就去橋上等候。後來他的真誠和隱忍博得了老人的讚賞，老人這才送給他一本書，說：「讀此書可為王者師，十年後天下大亂，你用此書興邦立國，十三年後再來見我，我是濟北穀城山下的黃石公。」說完便飄然而去。

　　張良驚喜異常，天亮看書，乃《太公兵法》。從此，張良日夜誦讀，刻苦鑽研兵法，俯仰天下大事，終於成為漢高祖身旁一位深明韜略、文武兼備、足智多謀的「智囊」。

　　由此可見，「好漢吃得眼前虧」是以吃「眼前虧」來換取其他的利益，是為了生存和實現更高遠的目標。如果因為不吃眼前虧而蒙受巨大的損失，甚至把命都丟了，哪還談得上未來和理想？

可是有不少人一碰到眼前虧，會為了所謂的「面子」和「尊嚴」，甚至為了所謂的「正義」與「公理」，而與對方搏鬥，因此一敗塗地，或是雖然獲得「慘勝」，卻元氣大傷！

所以要認清，現實生活是殘酷的，很多人都會碰到不盡如人意的事情。

殘酷的現實需要你對人俯首聽命，這樣的時候，你必須面對現實。要知道，敢於碰硬，不失為一種壯舉。可是，胳膊擰不過大腿，硬要拿著雞蛋去與石頭鬥狠，只能算作是無謂的犧牲。我們不妨做這樣一個假設：你和別人開車相撞，對方的車只是「小傷」，甚至可以說根本不算傷，你不想吃虧，準備和對方理論一番，可對方車上下來四個彪形大漢，個個橫眉怒目，圍住你索賠，眼看四周荒僻，不可能有人對你伸出援手。請問，你要不要吃「賠錢了事」這個悶虧呢？

當然你也可以不吃這個悶虧，如果你能「說」退他們，或是能「打」退他們，且讓自己不受傷的話！但若是你不能說又不能打，那麼看來也只有「賠錢了事」這條路了。說他們蠻橫無理也罷，欺人太甚也罷，但你應該明白，在人性叢林裡，有時是不太說「理」的！所以，當碰到不利環境時，千萬別逞血氣之勇，也千萬別認為「士可殺不可辱」，寧可吃吃眼前虧，也好過日後遭受更大的損失。

| 經驗增值 | 學習額外技能 | 擴張人際網 |

▌有時，吃吃眼前的小虧可能讓你佔便宜。

既要會隱忍，又要能奮發

做人切忌恃才自傲，不知饒人，鋒芒太露易遭嫉恨，更容易樹敵。功高震主不知給多少臣子招致殺身之禍。適時地「裝傻」，既能有效地保護自我，又能從容地觀察形勢，才是聰明之舉。

明朝建立之初，朱元璋為了保住江山，對朝廷和地方的官僚好貪舞弊、嚴重損害皇朝利益的行為，無情打擊，重刑懲治。其用刑的野蠻殘酷程度超過了歷史上任何帝王。為了免遭殺戮，有的官僚不得已裝瘋賣傻，以逃避懲治。有次，御史袁凱惹怒了朱元璋，怕被殺頭，便假裝瘋癲。朱元璋說瘋了的人是不怕痛的，便叫人拿木鑽刺他的皮膚，袁凱咬牙不吭，甚至回家後，袁凱自己用鐵鏈子鎖了脖子，蓬頭垢面，滿嘴瘋話，但朱元璋還是不相信，遂派人去探察，只見袁凱瞪著眼對來人高唱曲子，趴在籬笆邊吃狗屎。朱元璋聽了使者的回報，才不追究。實際上朱元璋又受了騙。原來袁凱

知道皇帝不相信自己瘋了，會派人來偵查，便預先叫人用炒麵拌糖稀，捏作狗屎狀，撒在籬笆下，當使者一到，他便大口大口地吃，這才救了一條老命。可見「推銷傻氣」多麼辛苦和不易，不到危及生存，還是別輕易嘗試。

在政治風雲中，當危險要落到自己頭上時，透過裝傻弄呆，的確可以達到逃避危難、保全自身的目的。所以，裝瘋賣傻是明哲保身的一種智慧。這種智慧不僅僅適合於官場，如果我們與人交往遇到麻煩，也可以運用它。但是只會裝傻還不夠。

古代著名的軍事大師孫臏，遭到龐涓暗算後，身陷絕境。然而孫臏不向惡勢力妥協，他決定佯狂詐瘋，以消除龐涓的警惕之心，然後再策劃逃脫之計。

一天龐涓派人送晚餐給孫臏吃，只見孫臏正準備拿筷子時，忽然昏厥，一會兒又嘔吐起來，接著發怒，睜大眼睛亂叫不止。龐涓接到報告後親自來查看，只見孫臏痰涎滿面，伏在地上大笑不止，過了一會兒，又號啕大哭。龐涓非常狡猾，為了考察孫臏發瘋的真假，命令侍從將他拖到豬圈中，孫臏披髮覆面，順勢就倒臥在豬糞污水裡。此後龐涓雖然半信半疑，但對孫臏的看管比起以前已大大地鬆懈了。孫臏也終日狂言誕語，一會兒哭一會兒笑，白天混跡於市井，晚上仍然回到豬圈之中。過了些日子，龐涓終於買下了孫臏推銷的「傻氣」，而自變愚蠢，相信孫臏真的瘋了。這才使孫臏不久得以逃出魏國。孫臏逃出魏國後，發憤圖強，不忘屈辱，終於指揮齊軍在與魏軍的戰鬥中，用計謀打敗魏國軍隊，並用箭射死了龐

涓報仇雪恨。

孫臏會隱忍，但他更懂得去奮發，他明白光會隱忍是不夠的，只有奮發圖強才能保護自己，不再受到龐涓的擺布。

柔軟、堅韌的蘆葦不易折斷

越王勾踐也是歷史上一個善於忍耐，敢於奮發的人。西元前494年，吳王夫差為了報殺父之仇，發動兵馬，向越國進攻。吳軍在梅山之戰大獲全勝，越軍被打得落花流水，幾乎全軍覆沒，退守在會稽山。越王勾踐眼看著就要國破家亡，要求跟吳王講和。吳王提出了一個條件，他要越王夫婦到吳國給自己當僕人。勾踐與大臣文種和范蠡經過一番謀劃之後，答應攜著妻子心甘情願侍奉夫差。

不過，夫差的大臣伍子胥當時便極力反對，要求直接殺死勾踐，以絕後患。但夫差有心要羞辱勾踐，便拒絕了伍子胥的建議。

夫差在先父闔閭的墓旁建了一所簡陋的石頭房子，將勾踐夫婦安置其中。裡面沒有床鋪，他們就鋪上乾草；以前的王袍也被換上了奴隸的服裝。他們整日蓬頭垢面，替夫差養馬、劈柴挑水、做飯洗衣，儼然奴隸一般。

一次，夫差要出遊，便命令勾踐為他牽馬。勾踐手執馬鞭，畢恭畢敬地站立一旁服侍。吳王要上馬，勾踐立即蹲下身子，彎腰弓背，讓夫差踏著自己上馬。吳國的百姓看見後對他指指點點，議論說：「這個人原來是越國的君王，沒想到現在竟然淪落為奴僕！」

豈知勾踐只是忍辱含垢，低著頭，默默前行。

為了麻痺夫差，讓他放鬆對自己的警惕，勾踐還設法討好夫差，博取他的信任，甚至不惜親自舔嘗他的糞便。

等到勾踐被放回國以後，就此發憤圖強，對內籠絡群臣，對下教養百姓。十年臥薪嚐膽，他的國力大大增強，終於在西元前 475 年進攻吳國。

五湖決戰時，他大敗夫差，越軍隨後包圍了夫差的王宮，殺死宰相，活捉夫差。吳王沒想到昔日舔嘗自己大便的人竟然就此傾覆了自己的國家，他請求世世代代為越國附庸。勾踐一心想痛雪當年的恥辱，斷然拒絕，夫差最後不得不被迫自殺。

當然，這裡所說的奮發並不是為了報仇，人生在世總會想要做出點什麼成績來，在時運不濟時隱忍是一種策略，但是這並不夠，還需要你的不斷努力，畢竟成功才是我們的最終目標。

▋忍耐、退讓不代表認輸，而是一種智慧和長遠的勝利。

假如你和對手產生了衝突，論力量，你是雞蛋，而對方是石頭，你怎麼辦？是像頭腦簡單的拚命三郎那樣以卵擊石，白白地送命呢？還是避其鋒芒，等自己也變成比對方更大的石頭再有所圖謀呢？試想，為爭一時之氣而拼個你死我活，於己於事又有何益呢？泰山壓頂，先忍一下又何妨？折斷了就永遠斷了，而彎一下腰還有挺起的機會。所以，當碰到不利環境時，應該學會忍耐、婉轉和退讓，這樣反而可以獲得無窮的益處。

妥協是最物美價廉的律師。

——羅伯·路易斯·史蒂文森（*Robert Louis Stevenson*）

實戰應用

你是否也曾在職場中被人針對呢？只要有人際的往來就難免會發生衝突，面對這些讓人尷尬、不適的場面，你都是怎麼應對的呢？是和對方大吵一架，爭個你死我活？還是在暗地裡偷偷報復？又或者選擇忍氣吞聲，粉飾太平？思考一下自己從前的處理方式還有沒有改善的空間吧！

Level 3

主動出擊，取得
珍貴專業人脈！

攻略 **09** 蹲得愈低，跳得愈高

說明｜古訓曾提到：「上善若水。」水善於滋潤萬物而不與萬物相
　　　爭，所以是最接近「道」的。低地，並不代表低人一等；低
　　　調正是為了更好地看清整個世界、邁向成功。

運用｜以低姿態待人接物可以化解許多不必要的麻煩，也較容易與
　　　人親近。

你可能是一位大權在握的政府官員，一位叱吒風雲的將領，一位財大氣粗的企業老闆，一位才高八斗的專家學者，一位如日中天的藝術明星……。但即便如此，更多的時間你仍要與同事、下級、同學、鄰居以及許許多多的平常人相處。個人能否融入其中，便在於處世格調和姿態的高下，在於是否甘願與世界站成一個平面，融成一個群體。

客製化善待賢才

綜觀歷史，能成大事者雖然手段各異，但共同點往往都是不拘於小節，善於禮賢下士。劉備三顧茅廬，請出諸葛亮，才有了後來的三分天下；曹操能夠不計過往，赤腳迎許攸，才有了亂世奸雄之名。偉人豪傑們之所以成功，成就大事，就在於他們始終把自己放在一個較低的位置，用一種謙遜的姿態來對待世人。

魏國的信陵君是戰國四公子之一。他是魏昭王之子，魏安釐王異母的弟弟，以禮賢下士的謙遜作風和急人之困的義勇精神聞名於世。當然，他救趙成功是與他的門客侯嬴、朱亥分不開的，但他之所以能夠得到他們的幫助，也是因為他的禮賢下士和謙遜作風使他得以結交賢士。

信陵君得知侯嬴時已經七十歲。侯嬴因家貧，做大樑（魏國都城）夷門的守門小吏。信陵君聽說此人後，便派人前往拜訪，想結交他，並饋贈一份厚禮，但侯嬴不肯接受。於是信陵君設筵席大會賓客，等人來齊後，信陵君帶著車馬和隨從，空出車子左邊的上

座，親自去迎接侯嬴，侯嬴為考驗信陵君，逕自坐上信陵君空出的上座，還讓信陵君載他去拜訪在街市做屠夫的朋友。當信陵君駕車來到街市，侯嬴下車前去會見他的朋友朱亥，而信陵君則手執馬轡在一邊等待。

此時，魏國的將軍、丞相、宗室以及賓客們都已坐滿堂，只等信陵君回來開宴。信陵君的隨從都在暗罵侯嬴，而信陵君仍然是面色和悅，一直等到侯嬴聊完，才載著他回去赴宴。

為了結交隱士侯嬴，信陵君能夠不顧自己貴為魏國公子的身份，更不因侯嬴僅為大樑夷門的守門人，而親自往請。也許從某種角度看，他的「置酒大會賓客」而得侯嬴，比不上劉備三顧茅廬而得諸葛亮，但從信陵君等待侯嬴時的「執愈恭」、「顏色愈和」都足以體現他交結賢士的誠意和謙遜。正是如此，他才得以食客三千，且不乏侯嬴、朱亥這樣能夠為他以後的事業出謀劃策、生死相報的人才；也正因為如此，「諸侯皆不敢加兵謀魏數十餘年」。

直到後來，秦軍圍趙，趙國向魏國求援。魏王因畏懼秦國，不敢出兵救趙國，這時，信陵君「欲以客往赴秦軍」，三千門客都願意陪他去做以卵擊石的作為，足以見信陵君謙遜待人的回報了。

沒有平時的謙遜，何來食客三千，又何來成功呢？

世界上有無數的人才能平平，卻能夠取得成功，關鍵靠的就是他們始終保持著謙遜的態度與習慣，這種品格往往幫助他們得到他人的認可，並且樂於幫助他們，所以他們處處順利，事業有成就是

自然而然了。

　　把自己放在低處，從低處起步並不是糊塗。謙遜是金，一個人只有懂得謙遜為人，從底層起步，才能夠保持不驕不躁的心態，才能在面對生活困境和順境時保持平和的心態，為成功打下堅實的基礎。

▋觀察歷史上成功偉人大多具有禮賢下士的性格，這個道理放在現代也同樣適用。提煉孟嘗君的待人智慧可以歸納以下幾點：

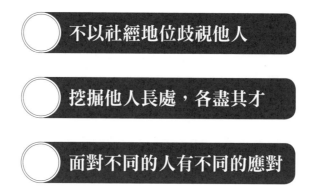

○ **不以社經地位歧視他人**

○ **挖掘他人長處，各盡其才**

○ **面對不同的人有不同的應對**

以低姿態化解他人的嫉恨

　　飛鳥盡，良弓藏；狡兔死，走狗烹。歷代帝國開創者最不放心的就是和他一起打江山的兄弟們，正所謂帝王可以共患難，但不可以共富貴。兔死狗烹的事時常發生在帝王家。無數忠臣良將沒有倒在戰場上，卻死在自己人手中；但是總有一些聰明人，能夠巧妙地躲過這種劫難，得以善終。

唐肅宗上元二年（761年），郭子儀進封汾陽郡王，住進了位於長安親仁里的金碧輝煌王府。令人不解的是，汾陽王府每天總是門戶大開，任人出入，不聞不問，與其他王府宅門森嚴的情況判若有別。客人來訪，郭子儀更無所忌諱地請他們進入內室，並且命奴婢侍候。

有一次，某將軍離京赴職，前來王府辭行，看見他的夫人和愛女正在梳妝，竟像使喚僕人那樣差使郭子儀遞這拿那。兒子們覺得郭子儀身為王爺，這樣子總是不太好，一同來勸諫父親以後最好還是分個內外，以免讓人恥笑。

但郭子儀笑著說：「你們根本不知道我的用意，我們家裡共有吃公家草料的馬有500匹，吃公家糧食的部屬、僕人1,000人，現在我可以說是位極人臣，受盡恩寵了。但是，誰能保證沒人正在暗中算計我們呢？如果我修築高牆，關閉門戶，和朝廷內外不相往來，假使有人與我結下怨仇，誣陷我懷有二心，我就百口莫辯了。現在我大開府門，無所隱私，不使流言蜚語有滋生的餘地，就算有人想用讒言詆毀我，也找不到什麼藉口了。」

幾個兒子聽了這席話，都拜倒在地，對父親的深謀遠慮感到佩服。

郭子儀是聰明的，他深知自己功高震主，所以用不留隱私的方式向皇帝表達忠心，換來郭家的平安富貴。而明朝功臣徐達同樣也是明白處世之道，懂得低調保身。

　　「指揮皆上將，談笑半儒生」的徐達，兒時曾與朱元璋一起放過牛。在其戎馬一生中，有勇有謀，用兵如神，為創建明朝立下赫赫戰功，是中國歷史上著名的謀將帥才，深得朱元璋器重。但徐達更深諳為人處世之道，不論作了多大貢獻，既不邀功，也不請賞，視自己如平常人一樣。因為他懂得，不管官有多大，自己有多大本領，都要夾著尾巴做人，所以他才會得以善終。若他和韓信一般，居功自傲，恃才傲物，不知收斂，相信朱元璋也不會如此放心，定會將其殺之以除心患。

　　徐達每次掛帥出征回來後，都會立即將帥印交還，然後回到家裡過著極為儉樸的生活。按理說，這樣一位朱元璋兒時的至交、戰功卓著的將帥，完全可以在都城中「享福」。朱元璋為了獎勵徐達，就想將自己的舊邸賜給他。朱元璋的舊邸，是其當吳王時居住的府邸，可徐達卻死活不肯接受。萬般無奈的朱元璋只好請徐達到舊邸飲酒，將其灌醉，然後蓋上被子，親自將其抬到床上睡下。徐達半夜酒醒，當知道自己睡的是什麼地方後，連忙跳下床，俯在地上自呼死罪。朱元璋見其如此謙恭，心裡自然十分高興，命人在舊邸前修建一所宅第，門前立一牌坊，並親書「大功」二字。

　　徐達的功高不驕，還體現在他虛心好學、嚴於律己上。牧牛出身的徐達，少年無讀書機會，但他十分好學，虛心求教，每次出征都攜帶大量書籍，一有時間便仔細研讀，掌握了淵博的軍事知識。因此每每臨陣指揮，莫不料敵如神，進退自如，且每戰必勝，令人心服。

後來，徐達病逝南京，朱元璋為之輟朝，悲慟不已，追封為「中山王」，並將其肖像陳列於功臣廟第一位，稱之為「開國功臣第一」。

徐達完滿的一生，與他高調處世、低調做人有很大關係，他有功不邀，不貪便宜，看低自己，所以才得以善始善終，名垂青史。

不論是郭子儀，還是徐達，他們都明白功高震主的道理，所以他們以一種低姿態去處世，消解君王對他們的警惕，也不給小人們惡意中傷的機會，使自己全家性命得以保全。總之，低調做人無論在官場、商場還是政治、軍事鬥爭中，都是一種進可攻退可守，看似平淡、實則高深的處世謀略。所以，做人不管有多大的權勢、多雄厚的資本，也應該放下身段，保持低姿態為好。

顯露一些缺點才能招人疼

眾所周知秦始皇為人心狠手辣，大臣稍有不慎即會遭殺身之禍，但是老將王翦卻仍能透過貶低自己得以保全生命。

王翦先後帶兵滅了趙國、燕國，並多次重創楚軍，最後滅了楚國。他在北方能以騎兵為主力在戰爭中取勝，在南方又能摸透陸地與河川、湖泊等繁雜的環境。所以，王翦在南北兩方的作戰中都能取勝，可見其在用兵方面是屬於全方位的武將。

秦王嬴政征討六國，已經「滅三晉，走燕王，數破荊師」，兵鋒直指荊楚大地。楚國地大物博，人才輩出，實力不凡，乃是秦國

爭霸的主要對手，秦王問手下的將軍們要攻破楚國需要多少兵力，老將軍王翦說：「非六十萬人不可。」而年輕猛將李信說：「二十萬人就夠了。」秦王以為王翦老而生怯，況且一下子徵募六十萬士兵也不是一件容易的事。於是便命李信領軍攻楚，王翦也不多說即稱病養老。果不出王翦所料，李信大敗而回。秦王這才醒悟過來，再次請王翦出馬，並備齊了六十萬兵馬。

六十萬秦軍，即使在秦國最鼎盛時期也是個龐大數目的軍力，況且領軍的還是王翦這樣能征善戰的老將，嬴政必然有些擔心，但，王翦是何等地聰明，他早已想到了這點。當秦王親自送他們至灞上，君臣分別前，王翦向秦王提出了要求，要秦王答應賜給他很多良田美宅。秦王說：「將軍都要上戰場了，還擔心這些幹什麼？」王翦說：「我作為大王的將領，有功也不會封王拜侯，還不如做一個鄉臣，多要些產業，為子孫後代留條生路。」秦王聞言大笑。

在攻楚過程中，王翦又頻頻要求秦王多給他賞賜。對攻楚，王翦早已成竹在胸。不久即大敗楚軍，又掃蕩了殘餘勢力，滅了楚國，帶領大軍大勝而回。

王翦大軍討伐楚國，不擔心破敵，反而擔心起自己的「美田宅園池」，一而再、再而三地求得賞賜，正是為了安秦王的心。換得秦王欣慰放心之大笑，那可比破楚國更難。別以為王翦是多此一舉，其實這正是老將過人之處，歷史上不知道有多少名將渾渾噩噩地栽在君主的疑心上，都不知道自己怎麼死的呢？薑是老的辣，後

來，王翦「既至關，使使還請善田者五輩」（意即：王翦率軍抵達關口後，又曾五次差遣使者向秦王要求封賞。），再次邀功，絲毫不疏忽，滴水不漏地取得秦王的絕對信任，最後得以善終。

王翦能夠善始善終，與他的老謀深算密切相關。他勇猛如虎，卻又忠誠如狗；狡猾如狐，卻又諂媚如貓。他極善於中傷自己，不斷地要良田美宅，顯得十分貪財或是好色，讓皇帝覺得此人沒有野心，可以放心使用，這才能夠備受恩寵，直至老死。

提升你的共鳴指數，才能卸下他人心房

蕭何也是採用同樣的方式來保全自己。西漢建立後，蕭何因為勞苦功高被封為相國，但是同時也招來劉邦的猜疑。

淮南王英布起兵叛亂時，蕭何奉命留守，劉邦則親自帶兵平叛。平叛期間，劉邦多次派使者詢問相國蕭何在幹什麼。蕭何向使者堅定地表示：就像以前一樣，全力支持皇上打仗，運輸糧草，安撫百姓。他手下一個小官卻對他說：丞相，你這樣做有滅門之險，你身居丞相高位，功勞已是第一，還能對你加官嗎？你在關中經營多年，深得民心，老百姓都願依附你。皇上為什麼不斷派人了解你的情況，就是怕你傾動關中，奪了他的寶座。你為什麼不多買田地，多放高利貸來自壞名聲，好讓皇上放心呢？

蕭何一下子就明白了，並且從諫如流，馬上照辦，劉邦聞知丞相貪占之事，果然放下心來。

後來，劉邦打敗英布歸來，老百姓攔路告狀，控訴蕭何相國低價強買土地和豪宅之事。劉邦不但沒制裁蕭何，還誇他在為民謀利，並還把百姓的狀子交給他看。

王翦、蕭何都是聰明人，他們懂得暴露自己的缺點，貶低自己，讓自己處在一個較低的位置，卻得到君王的信任保全了自己。現代社會，雖然不會有什麼功高震主導致的殺身之禍，但是適當地暴露一些自己的缺點，將能讓你更輕鬆地融合到人群中去，發展人際關係，畢竟一個有著些缺點錯誤的人，更容易受到大家的歡迎。

▌過分完美的形象和表現會讓人有距離感，平時不妨顯露一些個性或缺點，予人親近的機會。

不可過分表現自我

把自己的聰明隱藏起來，不僅可以減少競爭對手，還可以避免與別人發生不必要的爭鬥。我們經常說「樹大招風」或「人怕出

名，豬怕肥」，即是這個道理。根據心理學家分析，當自己表現得比朋友更聰明和優越時，那個朋友就會感到自卑和壓抑；相反的，如果我們能夠收斂與謙虛一點，讓朋友感覺到自己比較重要時，他就會對你和顏悅色，也不會羨慕和嫉妒你了。

朋友宜靜剛進公司時，最喜歡吹噓自己以前在工作方面的成績，以及自己每一個成功的地方。儘管她所說都是事實，但是同事們對她的自我吹噓感到非常厭煩。也因此與同事們的關係弄得很僵，為此，宜靜很煩惱，甚至快要無法在公司裡繼續工作了。

在一次聚會中，她向我提起此事。在聽了她的講述後，我認真地說：「唯一的解決方法，就是隱藏自己的聰明以及所有優越的地方。他們之所以不喜歡妳，僅僅是因為妳比他們更聰明，或者說妳常常將自己的聰明向他們展示。在他們的眼中，妳的行為就是故意炫耀，他們的心裡自然難以接受。」

宜靜頓時恍然大悟。她回去後嚴格照我的話要求自己，從此，她非常認真地傾聽公司其他人口若懸河的談論。很快的，公司同事們就改變了對她的態度，慢慢地，她成了公司最有人緣的人。

古希臘哲學家蘇格拉底一再地告訴門徒：「你只知道一件事，就是一無所知。」而英國 19 世紀政治家查士德裴爾爵士則更加直白地訓導他的兒子：「你要比別人聰明，但不要告訴人家，你比他們更聰明。」

無論你採取什麼方式指出別人的錯誤：一個蔑視的眼神，一種

不滿的腔調，一個不耐煩的手勢，一種難以讓人舒心的臉色……都可能帶來災難性的後果。你認為對方會認同你嗎？絕對不會！因為你否定的不是一件事，而是對方的能力和智慧。

你的直白會打擊一個人的榮耀感和自尊心，用三毛的話講，在此時，你用你的「聰明」傷害了他的驕傲。所以多數情況下，他非但不會改變自己的看法，還會進行反擊。這時，你即使搬出柏拉圖、康得、黑格爾也無濟於事。

任何人知道了別人都不曉得的事，難免會產生一種優越感，對於這種旁人不及的優點，我們更必須隱藏起來，以免招禍。

齊國一位名叫隰斯彌的官員，住宅正巧和齊國權貴田常的官邸相鄰。田常為人深具野心，後來欺君叛國，挾持君王，自任宰相執掌大權。隰斯彌雖然懷疑田常居心叵測，不過依然保持常態，絲毫不露聲色。

一天，隰斯彌前往田常府進行禮貌性拜訪，以表示敬意。田常依照常禮接待他之後，破例帶他到邸中的高樓上觀賞風光。隰斯彌站在高樓上向四面瞭望，東、西、北三面的景致都能夠一覽無遺，唯獨南面視線被隰斯彌院中的大樹所阻礙，於是隰斯彌明白了田常帶他上高樓的用意。

隰斯彌回到家中，立刻命人砍掉那棵阻礙視線的大樹。正當工人準備開始砍伐大樹的時候，隰斯彌突又命令工人立刻停止砍樹。家人感覺奇怪，於是請問究竟。隰斯彌回答道：「俗話說，知淵中

魚者不祥。意思就是能看透別人的祕密，並不是好事。現在田常正在圖謀大事，就怕別人看穿他的意圖，如果我按照田常的暗示，砍掉那棵樹，只會讓田常感覺我機智過人，對我自身的安危有害而無益。不砍樹的話，他頂多對我有些埋怨，嫌我不能善解人意，但還不致招來殺身大禍，所以，我還是裝著不明不白，以求保全性命。」

這段故事即告訴我們，知道太多會惹禍，這也是中國古代聰明人的一種明哲保身之策。

低調做人，不要小聰明，讓自己始終處於冷靜的狀態，在「低調」的心態支配下，兢兢業業，才能成就大事業。

低調不等於自輕自賤

然而低調也不是河水低流，不是唯唯諾諾，更不是低聲下氣。它是人生的「過程」，是生活的「瓊漿」。它像曲子的過門是低調的，它像釘子的一邊是削小的，它像黃牛的頭是低著的，是憋足了勁的。但是，低調做人還是必須擺脫「低人一等」的感覺。

低調與低人一等的本質區別就在於是否產生自卑心理，缺乏自信。低調的人雖目前處於「低人一等」的劣勢，但卻能強化自信，厚積薄發，積累經驗，成就大事。

俗話講得好「要想人前顯貴，必須背後受罪。」，縱觀古今成大事者，無不是經過艱苦磨練和低調歷練，經過「低人一等」的磨難，而後才一飛沖天、一鳴驚人。

　　現在的社會中，有許多人總是覺得自己低人一等，許多人在談論某企業家、某世界冠軍、某電影明星時，總讚不絕口，可是只要一談到自己，便一聲歎息：「我不是成才的料！」

　　他們認為自己沒有出息，沒有本事，不會有出人頭地的機會，理由不外是：「生來就比別人笨」、「沒有高文憑」、「沒有好運氣」、「缺乏關係」、「沒有一技之長」、「沒有資金」等等。這樣妄自菲薄，使自己缺乏面對社會和人生的勇氣，難免會產生低人一等、矮人三分的感覺，這是多麼可怕的事。

認識自己的情緒，學習轉換心情

　　低調的做人，就是在為人處世時擺正自己的位置，低調點、謙虛點，該說則說，該做則做，友善和氣，甘於讓人。

　　假如，你為了謀求一份工作而去拜訪該公司的董事長，你要先明白一個原則，你見的是一個身處高位的人物，在他面前似乎是矮人一頭，雖你有求於他，但求不求在你。

　　李白有一句詩講：「安能摧眉折腰事權貴，使我不得開心顏！」面對高層人物就心生畏懼而自卑，那麼就不可能成事，也不會謀到職位。

　　所以，要擺正自己的位置，擺脫「低人一等」的心態，展示自己的所長，以平常之心對待，顯出足夠的自信，就會在處事過程中從容自如，遊刃有餘，低調但不悲觀。

低調人雖然行事低調，但他們從來不悲觀失望，因為他們永遠知道如何避免失敗。

　　低調的人不會用種種負面的假設去證明自己的正確，也從不抱怨「社會太不公正」、「我總是吃虧」、「我處處碰壁」、「你為什麼就比我強」，他們很樂意承認自己的錯誤，因為這些錯誤，常常都是在他們的預料之中。

　　人生不可能永遠一帆風順，總是會遇到困難、挫折與麻煩，況且每一個人都不是完美無缺的人，都會出現差錯與失誤，但低調的人能預見事情發展的曲折性，預計到任何的事情都可能會出差錯。所以，在事情出現問題時，他們根本就不會失望，不會悲觀。

　　大體而言，樂觀的人往往是「憨厚」的人，而愁容滿面的人，又總是那些不夠寬容的人。他們看不慣社會上的一切，希望人世間的一切符合自己的理想模式，這才感到順心。

　　這種人常給自己戴上是非分明的桂冠，其實這是一種消極的干涉。而怨恨、挑剔、干涉則是心理軟弱、心理「老化」的表現。

　　所以當遇到情緒扭轉不過來的時候，不妨暫時迴避一下，打破靜態體驗，用動態活動轉換情緒。也許一曲音樂，會將你帶到夢想的世界。

　　如果你能隨著歡樂的歌曲哼唱起來，且手腳打起拍子，那麼你的心靈無疑就會隨著音樂融化在純淨之中。同樣的，看場電影、散散步，和孩子玩耍都能把你帶到另一個情緒世界。

　　如果你出了事故，只能靠輪椅行動，這對你無疑是個重大的打擊。而有殘疾的身體，往往使人變得浮躁、悲觀。

　　但是，浮躁、悲觀是無濟於事的，不如冷靜地承認發生的一切，放棄生活中已成為負擔的東西，終止不能取得的活動冀望，並重新設計新的生活。

　　大丈夫能屈能伸，只要不是原則問題，不必過分固執。別人在背後說自己的壞話，或者輕視、怠慢自己，想想不是滋味，故以眼還眼，以牙還牙，結果你又多了一個人際屏障與生活的對頭，那當然也使你整日誠惶誠恐，不知他人在背後又要搞什麼。

　　正確的方法應該是：淨化自己的誠意，不迴避對方，拿出豁達的氣量，主動表示友好。這樣做，會使你在針鋒相對、逃避退縮、一如既往的三種態度中，找到最利於個人情緒健康的方式。

　　排除悲觀情緒，保持樂觀健康的情緒，相信自己有不斷改善人際關係的能力，在這個基礎上設計一條可以接受的幸福之路，相信你的人生一定會變得更加多姿多彩。

當你初入社會時，朋友可能會告訴你：「一定要把握機會展現，這樣才能在同輩中脫穎而出，是千里馬就應該跑在最前頭！」但同時長者也會告誡你：「年輕人切忌鋒芒太盛，直木先伐，所以應當藏而不露！」。其實這兩種說法都走到了極端，如果能學會儒家的中庸之道，那麼就會知道半藏半露才會讓人更加出色。

畢竟，你不露鋒芒，可能永遠得不到重用；鋒芒太露卻又容易招人陷害，雖容易取得暫時的成功，卻也為自己掘好了墳墓。所以才華的顯露要適可而止。

鋒芒是非常刺眼的，會讓許多心胸狹窄的人受不了。一些急於顯露自己才能和實力，處處張揚自己的人，往往「出師未捷身先死」；而一些善於掩飾自己的人，卻往往能抓住時機，一舉成功。含蓄節制乃生存與制勝的法寶，其中的分寸便需要你在為人處世中慢慢修煉。

謹慎比大膽要有力量得多。

——雨果

若在職場中你發現有違背自己原則的事發生，會選擇隱忍還是揭櫫一切呢？又如果，揭發這件事可能會為你帶來危險，你仍會選擇實行嗎？

攻略
10 嘴甜讓你處處逢源

說明｜贈人玫瑰，手有餘香。讚揚不僅給聽者帶來極大的滿足，也
給自己帶來愉快。讚美能給平凡的生活帶來溫暖和快樂，讓
世界的喧鬧聲變成音樂。

運用｜透過第三者或問答方式的讚美，能夠讓對方自然地擁有好心
情。能看見他人優點的人，往往擁有好性格與好人緣。

在一所寄宿中學裡，一位老師走進教室。他先拿出一張畫有一個黑點的白紙，問他的學生：「孩子們，你們看到了什麼？」學生們盯住黑點，齊聲喊道：「一個黑點。」老師非常沮喪。「難道你們誰也沒有看到這張白紙嗎？眼光集中在黑點上，黑點會愈來愈大。生活中你們可不要這樣啊！」

教室頓然鴉雀無聲。老師此時又拿出一張黑紙，中間有一個白點。他再次問他的學生：「孩子們，你們現在又看到了什麼？」學生們齊聲回答：「一個白點。」老師高興地笑了：「孩子們太好了，無限美好的未來正等著你們。」

目光不要一直盯在黑點上

一個經常挑剔別人短處、指責別人錯誤的人，只會讓人感到無法理解而難以相處，讓人感到其品格惡劣而厭煩。

如果你總是認為這個也不好，那個也不行，人人都有問題，那麼只能說明你不能與人相處，自己有問題。因為別人正是透過你對別人的判斷，來判斷你的為人。

如果你去應聘面試，相信主考官通常會問一個問題：「你在原來單位做得好好的，為什麼要來我們公司呢？」

有些人為了討好主考官，就會極力指責原單位：那裡的人很難相處，老闆又挑剔又刻薄，哪像你們這裡多好啊！通常這樣說的人，十有八九都會落選。因為主考官一定會想：他現在這樣指責他

原來的老闆，將來會不會也這樣說我呢？

　　此時，聰明的應聘者應該就要多說原單位老闆的好話，「與他們相處得很好，離開真有點依依不捨」，然後再提出一個客觀原因，如「這個單位更適合發揮我的能力」等，這都是明智的應聘方法。

　　有一個小鎮，小鎮郊外的馬路旁邊有一個加油站。有位陌生人剛好開車來到這個小鎮，看到加油站，便順道開進來加油。

　　他停車打開車門，詢問加油站的老闆：「這位老先生，請問這是什麼城鎮？住在這裡的都是哪種類型的居民？我正打算搬來居住呢！」

　　加油站的老闆看了一下陌生人，並且回答說：「你剛離開的那個小鎮上的人們，是哪一類型的人呢？」

　　陌生人說：「我剛離開的那個小鎮上住的都是一些不三不四的人。住在那裡根本沒有什麼快樂可言，所以我才打算要搬來這裡居住。」

　　加油站老闆聽完後回答：「先生，恐怕你要失望了，因為我們鎮上的人也跟你們那裡差不多是同類型的人。」

　　不久，另一位陌生人來到加油站，並且又向老闆詢問同樣的問題。「請問這是哪一種類型的城鎮呢？住在這裡的又是哪一種人呢？我正在尋找一個城鎮定居下來呢！」

當然，加油站的老闆也問他同樣的問題。

這位陌生人回答：「喔！住在那裡的都是非常好的人。我的太太和孩子在那裡度過了一段很好的時光，但我正在尋找一個比我以前居住地方更有機會的小鎮。我原本很不願離開那個小鎮，但是我們希望尋找更好的發展。」

加油站老闆說：「你很幸運，年輕人。居住在這裡的人都是跟你們那裡完全相同的人。你將會喜歡他們，他們也會喜歡你的。」

如果我們在尋找壞人，那麼我們就真的會遇到壞人；如果我們在尋找好人，我們就一定會見到好人。不善於與人相處的人，不管到哪裡，都會認為別人難於相處；善於與人相處的人，見到任何人，都會與人相處融洽。所以不要光盯著對方的錯誤和缺點，也許換個角度，你將發現他的優點。

看人就像看到白紙上的黑點一樣，首先看到的只會是黑點，並且把目光死死的盯在黑點上。但是真正聰明的人所關注的不僅僅是黑點，他們更關注的是除了黑點外的那塊空白之地，因為他們明白黑點只能代表過去，而空白則可以創造未來。

真誠地讚美他人

一位百老匯的喜劇演員有一次做了個夢：自己在一個座無虛席的劇院裡為眾多觀眾表演——講笑話、唱歌，可是全場竟沒有一個人發出笑聲和鼓掌。

「即使一個星期能賺上 10 萬美元，」他說，「這種生活也如同下地獄一般。」

事實上，不只演員需要鼓掌，如果沒有讚揚和鼓勵，任何人都會喪失自信。

我們甚至可以這樣說：大家都有一種雙重需要，即被別人稱讚和去稱讚別人，真誠的讚美會觸動每個人。

讚揚人也是一種藝術，不但需要合適的方式加以表達，而且還要有洞察力和創造性。

一位舉止優雅的婦女對一個朋友說：「你今天晚上的演講太精彩了。我情不自禁地想，你當一名律師該會是多麼地出色。」這位朋友聽了這意想不到的評語後，像小學生似的紅了臉。

正如安德列‧毛雷斯曾經說過的：「當我談論一個將軍的勝利時，他並沒有感謝我。但當一位女士提到他眼中的光彩時，他表露出了無限的感激。」

沒有人會不被真心誠意的讚賞所觸動，正因為真誠才使得讚美的言語更具有效力。正如做父親的勞累了一天後回家，當他看到自

己的孩子將臉貼著窗子，在等待和注視著自己的時候，便會感到自己的靈魂沐浴在這甜蜜的甘露之中。真誠地讚揚別人，便能幫助我們消除在日常接觸中所產生的種種摩擦與不快。

這一點在家庭生活中體現得最為明顯。妻子或丈夫如能經常適時地講些使對方感到高興的話，那就等於是取得最好的結婚保險。孩子們也總是特別渴望得到別人的肯定。一個孩子如果在童年時代缺少家長善意的讚揚，那就可能影響其個性的發展，甚至還可能成為一種終生的不幸。

無論何時，要是有很多人在一起，那就需要考慮周到。大家在一起交談，一個有心人會讓每個人都感到自己是這場討論的參加者。

一位朋友經常帶著讚美，談論亞瑟・詹姆斯・巴爾弗（Arthur James Balfour）總理作為餐桌上主人的情況：「他會接過一個害羞的人所講的猶豫觀點，從中發現出人意料的智慧之處，並把它加以擴展，直至最初提出這個觀點的人，感到自己確實對人類智慧作出了某種貢獻。所以當每個客人在離開餐桌時，都會感到像是在空中行走，相信自己比原來想像的還要偉大些。」

林肯有一次在寫信時，開門見山就說：「任何人都喜歡受人奉承」。

哲學家威廉・詹姆斯（William James）也說：「人性深處最大的欲望，莫過於受到外界的認可與讚揚。」

據一些權威人士表示，甚至有人會借著發瘋來從他們的夢幻世

界中尋求這種滿足。一家規模不小的精神病院醫生說，有不少人選擇發瘋，即是為了尋求他們在正常生活中無法獲得的受重視感。

人們為追求受重視，連發瘋都在所不惜，試想如果我們肯多給別人一分尊重、讚美，它的影響會有多大，多不可思議？

許多事業上卓有成效的人，完全是因為他懂得予人尊重的馭人之術。

以讚美取代批判，讓團隊走向正成長

世界經濟論壇創辦人史瓦布說過的一番話，真的是金科玉律，值得大家銘記在心。他說：「我最可貴的一項資產，就是我具備了引發下屬熱忱與衝勁的能力。而要想鼓舞一個人善盡其才，最重要的，就是要懂得給他們讚美和鼓勵。」

「天下最會使人頹喪不振、衝勁全失的，就是來自上級主管的批評、責罵，我從來不曾批評過任何人，我相信只有讚美和鼓舞，才能刺激他們向上，使他們努力工作，如果碰上我由衷喜歡的事，我更會不吝惜地予以誇讚、褒獎。」

史瓦布用的便是這麼一套馭人之術，但一般人做法又是如何呢？保證是恰恰相反。一般人碰到不喜歡的事，肯定會破口大罵，將它批評得體無完膚，而碰到認可的事，卻又一言不發，吝於讚揚。

人一生中，除非碰上了什麼重大問題，否則，至少95%的時間，都花在想自己的事情上。

如果我們肯稍歇片刻，試著去想想別人的優點，我們才有可能真正地讚美別人。

只要給予他人由衷的認可和毫不吝惜的讚美，人們自會感懷在心，牢記著你的每一句話，甚至在你早就忘掉自己的讚美之後，他們仍將視同珍寶般反覆地從記憶中取出，慢慢地品味咀嚼。

如同藝術家在把美帶給別人時，自己同樣感到愉快一樣，任何掌握了讚揚藝術的人都會發現，讚揚不僅給聽者，也給自己帶來極大的愉快。它不僅給平凡的生活帶來了溫暖和快樂，也把世界的喧鬧聲變成了音樂。

人人都有值得稱道的地方，我們只需把它說出來就是了。

克仔是個經驗豐富且富有聲望的藥劑師，家裡開了一間藥局，最近有人在隔壁街也開了一家藥局。對此克仔感到非常氣憤，他甚至指責他的對手賣假藥，且毫無配藥經驗。

後來，這個受到謠言攻擊的店家氣不過，來到里長阿輝伯家裡投訴，甚至不惜為此事要向法院控告克仔毀謗。

阿輝伯就趕緊勸告他：「別把這件事鬧大，搞得滿城風雨了，你不妨試著表示善意。」

第二天，當顧客們又向他述說克仔的攻擊時，他說：「一定是在什麼事上產生了誤會。克仔的店是這附近最好的藥局之一，他在任何的時候也都樂意為病人配藥。這種對病人的關心給我們大家樹

立了榜樣。我們這個地方正在發展，有足夠的餘地可供我們兩家做生意。我完全是以克仔的藥局來做為自己的榜樣的。」

正因為當好話搭乘上閒談之翼後，也跟流言飛得一樣快。所以當克仔聽到這些讚揚的話時，便急不可待地去見這位年輕對手，並向他介紹自己的一些經驗，甚至提供了一些有益的勸告。

就這樣，真誠的讚揚化解了一場怨恨。

在生活中，我們往往可以看到一些才能平平的人，但是他們的生活總是順順當當，擁有很多好朋友。偶爾遇上一個難題，也很快就會在朋友的幫助下解決。為什麼他們能夠得到朋友的幫助呢？原因只有一個，就是他們以誠待人，所以他們也都收到了真誠的回報。

▌讚美是件好事，但如何讚美也是一門學問，該怎麼「真誠」地讚美她人呢？以下提供一些小撇步可以參考：

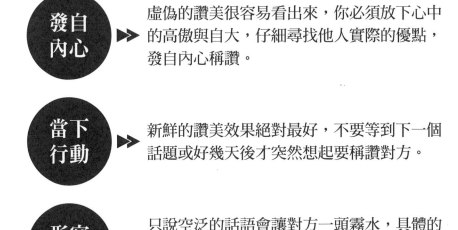

發自內心 ▶▶ 虛偽的讚美很容易看出來，你必須放下心中的高傲與自大，仔細尋找他人實際的優點，發自內心稱讚。

當下行動 ▶▶ 新鮮的讚美效果絕對最好，不要等到下一個話題或好幾天後才突然想起要稱讚對方。

形容具體 ▶▶ 只說空泛的話語會讓對方一頭霧水，具體的稱讚能讓對方感受真心，也會感嘆於你的觀察力。

要結交人脈，首先請伸出你的手

然而環顧我們的周圍，有多少人窮其一生，只知道一味要求別人的關懷與愛，而不知道去關心他人。當然，這些人到頭來終究無法遂願。試想別人為什麼要關心你，他們真正關心的是他們自己的問題，而且無時無刻都是如此。

所以想要得到別人的關心，首先就得要先關心別人。只有先伸出你的手，才能結交到朋友。下面這個故事或許還能給你一點啟示。

一個猶太人的孤兒院遭到飛機的襲擊，一顆炸彈被扔進孤兒院，幾個孩子和一位工作人員當場被炸死，還有幾個孩子受了傷。其中有一個小女孩傷得很重，傷口還在不停地流血！

值得慶幸的是，沒過多久，一個外國醫療援助小組來到這裡，小組只有兩個人，一位女醫生和一位女護士。

女醫生馬上對那個女孩進行搶救，但在救援的過程中出了一點麻煩，因為小女孩失血過多，需要輸血，但是她們帶來為數不多的醫療用品中，並沒有可供使用的血漿。於是，醫生把注意力放在現場的人們身上，她給所有的人驗了血，終於發現有幾個孩子的血型和這個小女孩是一樣的。可是，又出現了一個麻煩，那就是這個醫生和護士都不懂本地的語言，而在場的孤兒院工作人員和孩子們又只聽得懂母語。

無奈之下，女醫生只好用自己僅會的幾句當地語言加上一大堆手勢告訴那幾個孩子：「你們的朋友傷得很重，她流了很多血，需

要血，而你們的血型與她的吻合，你們願意為她捐血嗎？」孩子們呆呆地站在那兒，好像明白了她的意思，但眼裏卻藏著一絲恐懼！

他們沒有人吭聲，沒有人舉手表示自己願意捐血！這一切都出乎女醫生的意料，她一下子愣在那兒，沒了主意，為什麼他們不肯捐血來救自己的朋友呢？難道這些孩子沒有聽懂我的話嗎？

忽然，一個孩子慢慢地舉起小手，但是剛剛舉到一半又放下了，好一會兒才又舉了起來，再也沒有放下！

醫生很高興，馬上把小男孩帶到裡面，讓他躺在床上。小男孩僵直地躺在床上，看著自己細小的胳膊被針管慢慢地插入，血液一點點地被抽走！眼淚便忍不住順著臉頰流了下來。看見此情形，女醫生頓時慌了，急忙問他是不是感覺很疼，他搖了搖頭，但眼淚還是一個勁地往下流。醫生開始感到手足無措，因為她總覺得有什麼地方做得不對，但是問題出在哪兒呢？

關鍵時刻，一名當地的護士趕到孤兒院。女醫生把情況告訴了她。這個護士來到孩子身邊，俯身和孩子交談了一會兒，不久，孩子竟然破涕為笑。

原來，那些孩子都誤解了女醫生的話，以為要救那個小女孩就必須抽光身上的血。一想到過不了多久自己就會死去，所以小男孩才哭了起來！醫生終於明白為什麼剛才沒有人願意出來捐血了！但她還是有一點搞不懂，「既然以為捐過血之後就要死了，為什麼他還自願出來呢？」醫生問那個當地的護士。

　　於是護士用母語問了一下小男孩，小男孩沒有絲毫猶豫，回答得很乾脆：因為她是我最好的朋友。就是這一句簡單的回答，感動了在場所有的人。

　　因為是朋友，所以小男孩寧願死去也希望救回他的朋友，中國古代的刎頸之交也不過如此。生命是寶貴的，每個人都希望自己能夠活得足夠長。但當你寧願捨棄自己寶貴的生命，去保全朋友時，你得到的不止是一個朋友，還贏得了全世界。

▌平時小小的關心可以累積緊密的人際網。

尊重別人等於尊重自己

　　尊重別人，就是懂得站在別人的立場上，承認別人和自己有一樣的權利、一樣的自由。同時，在別人的表現與自己不同時，能坦然接受。

　　我們在做每一件事的時候，都應先從對方的角度去想想，要保

障自己的權利，尊重自己，更要尊重別人。尊重別人，實際上正是尊重自己的良好表現，有誰不希望受到他人的尊重呢？越是希望他人尊重自己，就越要尊重他人。

1983年11月1日，美國雷根總統的辦公室請來一位小客人。他叫比利，只有7歲。小比利患了一種絕症，醫生說他不會活過10歲的生日。但是小比利心中卻有一個美好的夢想——當美國總統。雷根總統得知此事後，決定讓小比利臨時當一天美國總統，而自己則做這位「小總統」的助手。

雷根向「新總統」詳細介紹了日常工作和職務範圍，隨後就忠實地侍候在小比利的身邊。部下呈上的文件，「小總統」都會請雷根參加討論，取得一致的意見後，再請雷根代簽並蓋章。在辦公之餘，雷根與「小總統」也進行了友好的交談。雷根告訴比利，他自己7歲時，只夢想成為一名消防隊長，還未曾想到過當總統。小比利聽到這些很高興，當然更讓他高興的是他終於「實現」了他的總統夢。

美國總統毫無疑問是世界上最有權勢和最忙碌的人之一，但雷根卻能安排出一整天時間，以這種方式幫助一位7歲的普通小公民，實現夢想，這種行為更增加了他的人格魅力。

學會從心底尊重每一個人的人，最終都會贏得別人的尊重。相反的，有的人位居高處，卻不尊重那些比自己位置低的人，甚至有的人以外表作為評斷別人的標準，這不但貶低了別人也同樣貶低了自己，更可能因此失去許多成功的機會。

幾十年前，一對衣著樸素的老夫婦沒有事先約好，就直接去拜訪美國哈佛大學的校長。校長祕書很不客氣地說：「校長行程很滿，整天都很忙。」

老太太回答說：「沒關係，我們等他。」

幾個小時過去了，老夫婦仍然呆坐在那裡。祕書終於決定通知校長，校長很不耐煩地接見了他們。

老太太告訴校長：「我們有個兒子曾經在貴校讀過一年書，但是去年，他發生意外死了，我丈夫和我想要在校園裡為他立一個紀念物。」

望著長相平平的老夫婦，校長粗聲地對老太太說：

「夫人，我們不能為每一位讀過哈佛而死亡的人建立雕像。要是那樣的話，我們的校園看起來就會像墓地。」

老太太急忙辯解說：「不是的，我們不是要豎立一座雕像，我們是想要捐一棟大樓給學校。」

校長看了一下他們的穿著，輕蔑地說：「你們知不知道建一棟大樓要多少錢？我們學校的任何一棟建築物都超過 750 萬美元。」

這時，老太太沉默不語了。校長很高興，心想總算可以把他們打發走了。只見老太太轉向她的丈夫激動地說：「只要 750 萬美元就可以建一棟大樓？那我們為什麼不乾脆成立一所大學來紀念我們的兒子？」她的丈夫隨即也點頭同意。

就這樣，史丹福夫婦離開了哈佛，在加州成立了如今已聞名全球的史丹福大學來紀念他們的兒子。

哈佛大學的那位校長就因為這一時的傲慢，失去了一筆巨額捐贈，同時失去的，自然還有他和學校在老史丹福夫婦心中的光彩和形象。

由此可見，希望他人尊重自己，就要先尊重他人。當你能縮小自己、放寬心胸，接受別人、尊重別人時，別人也同樣會尊重你、接受你。

👍 攻略摘要

　　讚揚的效果在於見機行事、適可而止。膚淺的讚美讓人感到乏味與空洞，受到你讚美的人也絲毫感受不到一種榮耀，並會在你的言語中產生一種不安與困惑；而見解深刻的讚美，讓人覺得你看到問題的實質，你確確實實對被讚美者產生認同感，而被讚美者也會對你的慧眼抱以信賴，產生與你積極溝通與交流的願望。

　　讚揚應恰到好處，才能使雙方的感情和友誼在不知不覺中得到增進，還會增加其交往合作的積極性。那麼我們該如何恰到好處地恭維他人呢？

　　對於不了解的人，最好先不要深談。要等到你找出他所喜歡的是哪種讚美，才可進一步交談。最主要的是，不要隨便恭維別人，因為有人是不吃這一套的。

　　如果有人告訴我們：某某人在我們背後說了關於我們的好話，我們會不高興嗎？這種讚美的話語，如果當著我們的面說，或許反而會使我們感到虛假，或者疑心他不是誠心的。那為什麼間接聽來的，便覺得非常悅耳呢？因為那是真誠的讚美。

　　德國的鐵血宰相俾斯麥，為了要拉攏一個敵視他的部下，他便有計劃地對別人讚揚這位部下，他知道那些人聽了以後，一定會把他所說的話傳給那位部下。話是會長腿的，所以多在第三者面前讚美他人，利用第三者與對方的關係，轉述我們的讚美語言，往往可使我們與對方順利達到溝通的目的。

攻略 11 處理好人，事就好辦

說明｜有句話說：「良禽擇木而棲，賢臣擇主而事。」鳳凰只棲息
在梧桐樹上，是因為梧桐樹正直、挺拔。良臣擇主是因為他
們從輔佐的人身上得到了重視。而每一個人都渴望成為一位
重要人物。

運用｜聆聽、觀察別人的需求，適時給予幫助和建議，久而久之，
你就成了不可或缺的存在。

貼心、誠懇，造就細微優勢

　　梅琳女士開著一輛老舊的汽車到展示中心去，想買一輛福特新轎車。業務員看著她老舊的車子，就先入為主地斷定她買不起好車，所以根本沒把她當一回事。剛好又快中午了，業務員為了趕赴午餐約會，就找個藉口先離開了。

　　急著購買新車的梅琳女士想見業務經理，沒想到經理也不在，要到下午一點才能回來。她只好悻悻然地逛到對面的另一家汽車展示中心。該中心正展示著一輛白色通用轎車，儘管價錢遠超過原本的預算，可是業務員的殷勤、誠懇打動了她。閒聊時，梅琳女士說，因為當天是她的生日，所以才會想買輛車送給自己當「生日禮物」。業務員聽完後就禮貌地說有點事，請求暫時離開兩分鐘。不料，15分鐘之後，一位祕書小姐送來一打玫瑰，那位業務員接過手就獻給梅琳女士，祝賀她「生日快樂」。「天哪！」梅琳女士說，「當時我真是太驚喜、太意外了！」後來梅琳女士就買下了那輛通用轎車。因為，那聰明的業務員讓梅琳女士感受到「自己很重要、很受禮遇」。

　　受到如此禮遇，梅琳女士自然十分感動地下訂買車，畢竟我們都希望被重視，而不喜歡被當成「空氣」啊！

　　曾經有一位長得很帥的教授，他妻子長得不漂亮，而且年紀比他還大，在外人看來，兩人並不匹配，但他為什麼還要娶她呢？這位教授告訴學生說：「因為，我妻子常誇我，說我很有能力，愛動腦筋，會理財，事情做得很好，穿衣服有品味，對人很友善……而

我以前的漂亮女朋友則常嫌我，說我這不好、那不好，只有我妻子會稱讚我，我就是喜歡這種被灌迷湯的感覺！」

讓別人感覺自己很重要

是人都希望被尊重、被肯定、被了解，而不喜歡被忽視。看到對方最在意的東西，那就是自我尊嚴感，重視他，讓他覺得自己很重要。

哲學家賽涅卡曾說：「如果想獲得別人喜愛，就得先去喜愛別人。」的確，當我們先釋放喜歡對方的訊息時，對方一般也會投桃報李地回應；當我們真誠重視對方時，對方將不難「眼睛為之一亮」，進而善意地作出回應。

《三國演義》中劉備有個怒擲阿斗的故事，講的就是劉備因愛惜大將趙雲，不惜將自己的親生兒子摔在地下。

趙雲在百萬軍中救出阿斗，劉備事後卻當眾把愛子摔在地上，做了樣子給大家看。但難道劉備不疼愛阿斗嗎？非也！他單身幾十年，此時才得一子，捧在手心疼猶恐未及。但當時形勢險峻，需要上下一心，衝出曹操的包圍，他絕不能因為一個小孩而讓軍心渙散，故而做出了如此舉動。後人便因此有詩曰：「曹操軍中飛虎出，趙雲懷內小龍眠。無由撫慰忠臣意，故把親兒擲馬前。」說的就是劉備此刻的心態。

為人處世，有時做出的舉動，只是為了做給人家看的。做了，

明知心不是這樣想，卻也能溫暖人心；不做，雖然表裡一致，做人坦然，卻冷落了眾人心。

那時的劉備，如果只惦著夫人和阿斗的安全，好不容易盼到趙雲飛馳而至，他撇開惶惶不安，同樣是兒女失散、家破人亡的部下而不顧，衝上前去抱著阿斗吻個不停，眾人看了能不心灰意冷嗎？他這是叫大家為他劉家父子賣命！眾人心淡後，劉備這支軍隊能不潰散嗎？且他欲求父子保全性命的結果不就適得其反了？

「人心散了，隊伍就不好帶了。」劉備演了這齣戲，就使得趙雲更死心塌地報答劉備的知遇之恩；同時也安撫了眾人之心，提高隊伍的向心力。所以即便是在劉備最落魄的時候，他的隊伍也沒有因此各奔前程，而是依然團結在一起相互扶持共渡難關，輔助劉備得到天下。

而我們的家人、朋友、同事也都在期待「讓他感覺自己很重要」，因為人的自我價值感是經由別人的肯定、讚美而來的，只要「讓他感覺自己很重要」，對方也會善意地給我們體面的回饋。

維持良好關係的秘訣就是讓別人覺得自己很重要，除了不時的關心外，談話技巧也很重要。

認真傾聽
別人說話時請保持專注，不要總是分心用手機或插話，儘管專心聆聽很耗費心神，但這是談話的第一步。

表達認同
重複關鍵字，增強認同再回應，不要站在高人一等的角度，自我中心地發表長篇大論。

簡明扼要
好的談話就像迷你裙，吸引人又包含重點。下次請在耗盡對方耐心前漂亮地結束話題吧！

恰到好處地順應別人的需要

清末名臣左宗棠非常喜歡下棋，平日在朝廷和喜歡下棋的同僚及其親友對弈，他只要遇到棋藝高超的人就一定要切磋一番。不過，由於他很少遇到強勁的敵手，所以自認為棋藝高超，並且他還在棋中參悟了許多戰事兵法，為此他一直感到得意。

有一年，左宗棠受朝廷之命前去新疆督辦軍務。出征的準備工作已經做好了，就等著既定啟程的那一天行軍上路。

這一日，左宗棠趁著閒暇，就換了便裝，到街上轉轉。他忽然看到一位老人在路邊擺著棋陣，旁邊有一塊大招牌寫著：「天下第一棋手」。左宗棠一見這招牌，心中當然不服，便要與老人對弈。

老人看了看來者，欣然應允，隨即擺開了棋陣。

雖然老人的棋藝有高明之處，但要配上「天下第一棋手」的稱號確實是相去甚遠。左宗棠連連進攻，勢不可擋，老人也漸漸地無還擊之功，連連敗北，在下了幾局後，竟一局也沒有取勝。

左宗棠越發得意，說道：「依我看，你這塊招牌還是趕緊撤掉為好，再回家繼續修煉一段時間，方能不辱沒這天下第一棋手的稱號，不要再丟人現眼了！」

老人聽後，沒有說話，只是撚著鬍鬚，微微頷首。

後來，左宗棠從新疆凱旋回來的路上，又看見那位老人，他的旁邊居然還懸掛著那塊大招牌。左宗棠心中大為不悅，於是又換上便裝，來到老人面前，說：「我再來見識一下天下第一棋手的厲害！」但，這次和上次截然不同，左宗棠竟然三戰三敗，被打得落花流水。

他心中甚為不平，覺得可能是自己最近太累了，於是悻悻然地回到家中，再好好休息一天後，又去找了老人，可是這一次仍然和上次一樣慘遭敗北。

他很驚訝老人為什麼在這麼短時間內，棋藝能進步得如此飛快。老人笑著回答：「左大人承讓！恕小民不敬。您第一次微服出巡，我就知道您是左公。您即將出征新疆的事情我也早已有所耳聞，因此，我故意讓您贏，這樣您才會有信心立大功。如今，您既然已經凱旋歸來，我當然就不用客氣了。」

老人很聰明，他能根據不同的情況使用不同的手段，之所以讓左宗棠獲勝是因為左宗棠快上戰場，想給他一個好兆頭，同時又避免了左宗棠因失敗而遷怒於自己。第二次勝利則是為了展現自己的真正實力，顯示自己天下第一的實力。一勝一負，深受處境影響，從對方角度考慮，足以彰顯老人的處世智慧。同樣的道理，做事時，若能從對方的角度考量，便會給我們帶來意想不到的收穫。

創造共鳴才能延續關係

　　老張是一家酒商行銷部的副理。有一次，他們公司引進一支新品牌紅酒，在擴大市場過程中，他遇到一個開了10家連鎖餐廳的大客戶方總。老張想把新的紅酒銷售給方總，可是他多次去拜訪，每一次都吃閉門羹：對方不是態度很冷淡，就是敷衍了事。

　　接連遭受這樣的冷淡，老張並不氣餒。一天，他再度嘗試去拜訪方總。當他走進對方的辦公室，還未來得及問候，方總就很生氣地一拍桌子說：「你怎麼又來了，我不是告訴過你，我很忙，沒有空嗎？你怎麼那麼煩人啊！你趕快走吧！我沒時間理你。」

　　如果一般人遇到這種情況，肯定會心裡很不舒服地扭頭就走人，甚至與他爭吵起來吧！但老張卻與眾不同，他不僅不生氣，還用一種很關切的語氣問道：「方總，您怎麼了，我每次來，都發現您的情緒不是很好，到底是為了什麼事情煩心？可以跟我說說嗎？我最近也是挺煩的，咱倆不妨好好聊聊，相互傾吐一下吧？」

這時，方總轉變了態度，也用類似的語氣說：「老張，我最近實在是煩死了。為什麼呢？你也知道我是從事連鎖餐飲業的，我本來今年下半年預計新開三家分店，什麼東西都準備好了，也好不容易花了很多時間培養三個儲備經理，結果上個月這三個人卻都讓競爭者以高薪給挖走了。」

老張聽了拍著他的肩膀，說：「唉，方總啊！您以為只有您才有這麼煩心的人事問題嗎？其實我也跟您一樣啊！您看看，我們最近不是有新的產品要上市嗎？前幾個月我好不容易用各種方法招來十幾個新業務，每天我早晚加班培訓他們，想儘快打開市場。結果，才三個多月的時間，這十幾個新人就走得只剩下不到五個。所以我也只能天天往外跑，讓您總看到我這張老臉了！」

接下來的一段時間，他們相互傾訴彼此的煩惱，現在員工是多麼難培養，人才是多麼難找。兩人很投機地講了十幾分鐘。最後，老張站起來拍拍方總的肩膀說：「方總，好了，既然我們倆對於人事的問題都比較頭痛，咱們也先別談這些煩心的事了。正好我車上帶了一箱新紅酒，就搬下來讓您先免費試喝。不管好喝不好喝，等我們過兩個星期，人事問題都解決了以後，我再來拜訪您。」

方總聽了之後就順口說：「好吧！那你就先搬下來再說吧！」搬下來後，兩人揮手道別。

結果可想而知，方總後來成了老張的大客戶。但在談話的整個過程中，老張從頭到尾都沒有向方總宣傳他的產品。那他是怎麼成功的呢？事實上他花了大部分時間為方總著想、和方總建立共鳴，

這樣就很自然地達成了交易。

與人交往，特別是求人幫忙時，難免會遭人冷眼。在這種情況下，耐挫力低的人會心懷怨恨，拂袖而去，看似一時很得意，結果往往會因小失大，耽誤事情。而耐挫力高的人遭到了這種待遇，卻能主動地研究對策，積極地站在對方的立場上考慮問題，採取巧妙的手段與對方拉近距離，取得認同，這樣才有利於將事情辦好。

要取得對方的認同，就要釐清對方冷落你的原因，為對方著想，製造一種共鳴情境，使對方不知不覺間把你當成朋友。這樣，溝通起來就容易多了，如此一來想辦事成功，也就水到渠成了。

幫助人也要「正中下懷」

以利誘之，投其所好是經商中的絕招。經商中，以小利俘虜對方，雖然會失去一部分利益，但將來會得到更多，所以在經商中當你的客戶或朋友遇到困難時，你不妨付出真切的關心來安慰他人。即使對方只是一個陌生人或原本是你的對手，他也會因為你的真心相待而感激萬分。同樣的，在生活其他方面也是如此。處處為他人著想，處處關心他人，以別人期待的方式出現，這一處世的法寶將使你廣交朋友，也使你的事業一帆風順，馬到成功。

中國是一個重人情的社會，很多事情靠公事公辦，往往辦不成。在社會上尋找有用的社會資源，建立自己的關係網，十分重要。

紅頂商人胡雪巖成功的祕訣是不怕吃虧。但他的成功還有一個

祕訣，就是善於抓住時機，在別人期待時滿足對方的需要。

在胡雪巖所處的時代，要經營勢力，離不開銀子。胡雪巖深諳此道，自然也不會吝惜銀子，甚至到了有求必應的地步。時任浙江藩司的麟桂調署江甯藩司，臨走時，在浙江虧空的兩萬多兩銀子需要填補，於是派人找到胡雪巖，胡雪巖二話沒說，便爽快地答應下來。麟桂派去和胡雪巖相商的親信也激動不已，稱胡雪巖實在是「有肝膽」、「夠朋友」。麟桂向胡雪巖許諾：有什麼要求，儘管提出來，一定不要客氣，趁自己此時還沒卸任，反正惠而不費，一定肯幫忙。

而胡雪巖也沒有提出任何索取回報的要求，只希望麟桂到任之後，江寧與浙江方面如有公款往來，能夠指定由他的阜康票號代理。

這點要求，對於掌管一方財政的藩司來說，自然不費吹灰之力。

事實證明，胡雪巖的投資是有眼光的，後來他從江寧方面獲得的錢財遠不止這兩萬多兩白銀。這是主動找上門來的機會，當然還有主動送上去的機會是胡雪巖自己製造的。之後為了更好地發展，胡雪巖希望能得到左宗棠的幫助。為了與左宗棠拉上關係，胡雪巖頗費了一番心思，但他初次拜見左宗棠時，左宗棠聽到些關於胡雪巖與太平軍關係的傳言，頗多戒備，甚至不讓他坐，冷落了他。而胡雪巖也是不急不惱，僅僅透過兩件事便得到左宗棠的信任，甚至被引為知己。

第一，獻米獻錢。胡雪巖回杭州時，帶了 1 萬石大米和 10 萬

兩銀子。本來，這1萬石大米有一個名目，就是當初杭州被圍時，胡雪巖與知府王有齡商量，由胡雪巖冒死出城，到上海採購大米，以救杭州糧絕之急。胡雪巖購得大米1萬石，運往杭州，但無法進城，只得將米轉道寧波。杭州收復後，胡雪巖才將這1萬石大米運至杭州，且將當初購米款兩萬兩銀子，面交左宗棠。他既回復了公事，以此證明自己並非攜款逃命，又無償捐給左宗棠1萬石大米。那10萬兩銀子，則是胡雪巖為了敦促攻下杭州的官軍自我約束不要擾民，而自願捐贈的犒軍餉銀。

清軍打仗，為鼓舞士氣，有一個不成文的規矩，攻城部隊只要攻下一座城池，3日之內，可以不必遵守禁止搶劫、姦淫的軍規。胡雪巖之所以獻出10萬兩銀子，就是要換取官軍守法。同時，這筆賞錢的出現，也大大鼓舞了士氣，以後作起戰自然勇猛，這正是左宗棠想要進一步發展所需要的。

第二，主動承擔籌措餉銀重任。左宗棠幾十萬兵馬東征，鎮壓太平軍，每月需要的餉銀達26萬兩之多，當時，朝廷用兵打仗採取的是「協餉」方式，也就是由各省拿出錢，做軍隊糧餉之用，實際上，各支部隊要自己想辦法籌餉。聽到左宗棠談起籌餉的事，胡雪巖毫不猶豫地表示，他願意盡一份力。

胡雪巖所做的這兩件事，的確做到了對「症」下「藥」，也是一下子「藥」到「病」除。自此，左宗棠成為胡雪巖在官場上更有力量的靠山。後來，也是因為左宗棠的大力舉薦，胡雪巖還得到朝廷特賜的紅頂子（清朝二品官銜，所賜的紅色珊瑚珠官帽）。

　　所謂對症，因為糧食、軍餉都是左宗棠此時最著急、也最難辦的事。杭州剛剛收復，善後是一件大事，要取得成效，首先要有糧食。當時，鎮壓太平軍實際上是左宗棠與李鴻章協同進行，太平軍敗局已定，左宗棠當然想爭頭功，這個時候，糧草軍餉也是當務之急。沒有糧餉，就無法進一步展開攻勢，一旦軍餉無法及時發放，部隊無法約束，就會釀出亂子，更別想以此取得戰勝太平天國的頭功了。

　　胡雪巖既然解決了令左宗棠頭痛的難題，左宗棠哪裡還有不賞識的道理！用左宗棠的話說，解決了這兩個問題，不但杭州得救，肅清浙江全境，他也有把握。難怪胡雪巖再去拜見左宗棠時，左宗棠不僅讓座，而且談及籌餉時，他還馬上吩咐設宴款待。

　　對症下藥，說到底，就是在堅持原則的前提下，投其所好，以對方希望的方式出現，完成對方要求的同時，也達到自己想要的目的。要成功不僅僅是要會吃虧，也要懂得如何吃虧，怎樣去吃虧。真正會吃虧的人並不糊塗，因為他們懂得適時滿足他人的需要，即便是因此需付出一些代價，也是值得。

▌雪中送炭有兩點需要注意：

1. 及時幫助
雪中送炭是在他人最困難時給予幫助，一旦時間過去，見人好轉才出手，相助效果將大打折扣。

2. 默默行善
幫助他人後不要一直拿來說嘴或勒索，雪中送炭不是只為了往後利益，也是鞏固人際的方法。

　　人皆有善性，也有劣性。辦事時要揣其性而授其法。有時可循其善性而為之，有時也可循其劣性而為之。一個人要想在工作中順遂如意，單靠勤勤懇懇地埋頭苦幹是不夠的，還必須會說話、會辦事。所以掌握好憑心力致勝的技巧，是我們工作出色、事業有成的一大法寶。

　　而要想通融事，必先通融人。不先搞定人，就很難把事搞定。而搞定人的方法有很多，「投其所好」便是最有效的方法之一。俗話說：「不怕對方不上套，就怕對方沒愛好。」所以，與其苦心孤詣地琢磨事，不如盡心竭慮地琢磨人。畢竟，把人的事弄明白了，事情也就搞清楚了。把人的事處理妥當了，事情也就搞定了！

建立人脈關係就是一個挖井的過程，付出的是一點點汗水，
得到的是源源不斷的財富。

——哈維·麥凱（*Harvey Mackay*）

攻略 12 別再咀嚼閒話，有八卦請冷藏

說明｜不分場合地一味胡言亂語，帶來的往往是適得其反的後果。在自己無法把握說話分寸的時候，就請閉上你的尊口，不要去說一些不合時宜的話，空惹人反感。

運用｜話語可以幫助你推銷自己，經營人際網，也能讓你丟了工作和機會，因此開口前需謹慎，勿將所想全數吐露。

有個和樂融融的村莊，村民都真誠相待，直到有一天搬來了一位少婦Ａ

你知道嗎！林太太的老公…

我老公昨天回來的時候啊…

愛搬弄是非的少婦Ａ利用打聽到的消息到處挑撥離間

村莊的人們因此開始互相猜忌，雖然少婦很快就搬走了，但人們的生活卻再也回不去了

愛默生說：「凡是受過教育的人最終都會相信，嫉妒是一種無知的表現。」嫉妒作為人性的弱點，幾乎誰都會有那麼一點。雖然嫉妒是人普遍的，也可以說是天生的缺點，但決不可因此而忽視它的危害性。趁著它還只是一個小小的「腫瘤」時，就要趕快診治它，以免它發展下去，成為惡性「癌變」。

嫉人毀己，嫉妒的話要少說

嫉妒是一種消極的、不良的病態心理，我們不要小看它的危害性。它平時深藏在我們的心中，使我們備受精神折磨，生理上也會造成內分泌紊亂、腸胃功能失調、神經衰弱、腰痛、背痛等等。

但丁說：「嫉妒者只會拉動風箱扇起你的歎息。」美國劇作家佩恩也說：「嫉妒者對別人是煩惱，對他們自己卻是折磨。」

《三國演義》裡的東吳大都督周瑜不就是嫉妒諸葛亮之才，千方百計要害死諸葛亮，結果落得自己活活氣死，臨死時還仰天長歎：「既生瑜，何生亮？」我們難道也要讓嫉妒的心態，時時折磨自己嗎？

嫉妒這種不良情緒積壓得多了，往往會因為一個偶然因素或特定場合而發作。嫉妒者並不是對所有比他強的人都嫉妒，對那些資歷和水準確實比他高的人，他並不一定嫉妒。

他所嫉妒的對象，大多是同學、同事、年紀相仿的同輩，因為他認為他們之間應該平起平坐。如果不是這樣，他就會產生一種

心理上的刺激，痛苦、憤怒的情緒就會隨之而來。正如培根說的：
「人可以允許一個陌生人的發跡，卻決不能原諒一個身邊的人上
升。」

日本心理學家詫摩武俊說：「嫉妒能使親密的好友翻臉，雙方
都會受到傷害，可以說，它是一種令人無可奈何的感情，象徵著人
性的弱點與醜惡的一面。」

「這種感情是一種極欲排除別人優越的地位、或想破壞別人優
越的狀態，含有非常激烈的憎恨情感。有了這樣激烈的情感，而
不一定立刻顯現於表面，這就是嫉妒。在引發事端的場合，反而是
冰山一角，許多嫉妒都是深藏在人們的心中，使烏漆抹黑的功能發
酵，之後以歪曲的形態爆炸開來。」

孫臏和龐涓原來是好朋友，兩人同在鬼谷子門下學習。孫臏剛
出山時首先投奔的就是龐涓，可見兩者關係之好。但是就因為孫臏
的才能很快得到魏王的賞識，導致了龐涓的嫉妒。

於是，龐涓進讒言詆毀孫臏，挖掉孫臏的膝蓋骨，本是好兄弟
的二人就此決裂。幸好孫臏忍辱偷生，借機逃出魏國，最後才能用
計殺掉龐涓，為自己復仇。

嫉妒很可怕，它能讓原本相親相愛的兩個人變得刀兵相向，不
死不休。即便這樣，最後活下來的一方通常也都在爭鬥中傷痕累累。

英國思想家培根曾說，「嫉妒來自我與別人的比較，如果沒有
比較就沒有嫉妒」。「要想消滅嫉妒心，最好的方法是表明自己的

目的是在求事功,而不是求名聲。」

凡是「埋頭沉入自己事業的人,是沒有功夫去嫉妒別人的」。我們不要看到別人的得意風光就忘了自己的目標,畢竟我們總不能為了也求這種風光,而轉移自己的目標吧!

其實有嫉妒心的人,常有一種「危機感」,就是怕別人超過自己,顯出自己的落後和平庸。因此,他們常常盯著別人的缺點,對別人的長處不是視而不見、就是故意詆毀。這只能說明自己的氣量狹小。

儘管人們都免不了會有嫉妒這個似乎「令人無可奈何的感情」,但只要真正認識到它害己害人的危害性,透過自我的心理調整和控制,是可以逐漸克服的。

所以,我們要有寬闊的胸懷,謙虛的態度,古云「見賢思齊」,就是要我們別去嫉妒別人,而是要虛心向別人學習,爭取和別人一樣有所建樹。另外,克服嫉妒,還有一種辦法,就是要跳出自我,與人為善,這也是一種可行的方式。

▎忌妒來自於比較,與其浪費時間氣結,不如轉化成自己的力量,也能擴展人際圈:

暫停不理性的比較 ▶▶ 欣賞他人的優點和成功經驗 ▶▶ 尋求對方的建議

謹慎言行，說話前記得先經過大腦

說話最忌諱的就是不加思考，口無遮攔的習慣。講究說話的藝術對於迅速有效地傳遞資訊，塑造良好的自我形象有著不可忽視的重要作用。如果只貪圖自己一時的痛快，而無所顧忌地說了不該說的話，只會給自己製造出一些不必要的麻煩。

言為心聲，語言受思想的支配，反映一個人的品德。不負責任，胡說八道，造謠中傷，搬弄是非等等，都是不道德的。

瑞什‧拉吉什（Shimon Ben Lakish）是巴勒斯坦的著名學者，身材魁梧強壯的他，曾經在年輕時作為角鬥士（源於古羅馬時代受到專門訓練的奴隸，會在觀眾面前手持武器，彼此角鬥）與野獸搏鬥。

後來，著名學者拉比喬納森（Rabbi Jonathan）勸他放棄角鬥士生涯，改而求學。他自此成為一個信徒，後來和拉比喬納森齊名。

一天，拉比喬納森正在約旦河洗澡，這時瑞什‧拉吉什也跳進河裡。

「你的力量應該貢獻給《律法書》研究。」拉比喬拿森說。

「那麼，你的美麗」拉吉什說，「應該貢獻給婦女。」「如果你懺悔」拉比喬納森說，「我就讓你娶我的妹妹，她比我還要美麗。」瑞什‧拉吉什懺悔了，也娶了拉比喬納森的妹妹，和拉比喬納森一起學習，後者教他《聖經》和《注釋》，使他成為偉大的學者。

有一次，在教室發生了一場爭論，問題是什麼時候某些日常用具，如劍、匕首、鐮刀等會成為宗教儀式中的不潔之物。

拉比喬納森認為：在熔爐中鍛煉過的是不潔之物；瑞什‧拉吉什則堅持認為：浸過水的是不潔之物。

拉比喬納森的自尊感受到了傷害說：「強盜懂得自己的營生。」拉比喬納森的言外之意是指瑞什‧拉吉什做角鬥士時用過這些武器。瑞什‧拉吉什對此感到憤怒地說：「那麼你對我有什麼幫助呢？」

「在羅馬的競技場上，我被稱為大師，在這裡我也被稱為大師。」拉比喬納森受到很深的傷害，因為瑞什‧拉吉什暗示自己沒有幫助過他，他也拒絕原諒瑞什‧拉吉什。結果，瑞什‧拉吉什最終一病不起。

拉吉什死後，拉比喬納森陷入無比的沮喪之中，他撕爛了自己的衣服不斷哭泣著直到他發了瘋。

如果一個人知道悔罪，別人就不應該對他說：「記住你從前做的事。」如果他是贖罪者的兒子，他不應受到奚落：「記住你的父親做過的事。」如果他是贖罪者，剛剛開始學習聖經律法，別人不應該對他說：「吃了不潔食物的嘴，可以學習全能的上帝嘴中說出來的律法嗎？」

獸有長舌不能說，人有短舌不該說。往往說自己不在乎的人，其實最在乎。

言語是利斧，會造成不可挽回的傷痕

在日常工作和生活中，如果有些話並非是非說不可，就不要去說，更不要脣槍舌劍或信口開河，因為說得好不見得能獲得好處，說得不好還會招來是非。如果你不想給自己惹火燒身，那麼，你一定要記得少說為妙。

幾位工廠裡年輕的幹部去慰問一位退休老工人，見面後便問道：「您的身子真夠硬朗，今年多大年紀？」

老工人回答說：「79啦！」

「人生七十古來稀，廠裡應該數您最長壽吧？」

「哪裡，某某就活到84歲呢！」

「那您也稱得上是長壽將軍！。」

「不過，某某去年歸天了。」

「那這回可輪到您了！」

談興正濃的老工人聽到這句話，臉色乍變。本來他們只是一種善意的回答，卻表達與原意相反的意思。毛病就出在「這回可輪到您了」這句話上。

前面老人剛說完「歸天」，他們卻接下去說「輪到您」，這不就使老人不由得產生誤會了嗎？如果這幾位年輕幹部能控制好說話的順序，把話說成「這回長壽冠軍可輪到您了」，相信也就不會出

現不快了。

有的時候一句不應該的玩笑話也會引出大麻煩。某次愚人節，美國某家廣播電臺對外廣播說外星人正在襲擊地球，害得所有聽到廣播的人紛紛出城避難，造成極大的恐慌。沒想到，一句玩笑加上現代化的傳播手段，不僅造成了財產損失，而且導致了人身傷亡。

很多時候我們會有這種感覺，就是剛說完一句無心的話後，很快就會反應過來，這是不該說的，但是話已出口，就像潑出的水，收不回來了。這話往往給自己帶來無法想像的損失，所以請隨時管好嘴，別說出讓自己後悔的話。

樵夫救了一隻小熊，母熊對他感激不盡。

有一天，母熊安排了豐盛的晚餐款待樵夫。翌日早晨，樵夫對母熊說：「你款待得很好，但我唯一不滿意的就是你身上的那股臭味。」母熊雖悶悶不樂，但嘴上卻說：「為了補償，您就用斧頭砍我吧！」樵夫照牠的話做了。

若干年後，樵夫又遇到母熊，樵夫問牠頭上的傷好了沒有。母熊說：「那次是痛了一陣子，傷口癒合後，我就忘了，不過，您說過的話，我一輩子也忘不了。」

由此可見，語言傷害有時超過肉體傷害，因為它刺傷的是心，是靈魂。你的言語就像牆上的釘孔一樣，會在人們的心靈中留下疤痕。

你這樣做就好比用刀子刺向某人的身體，然後再拔出來。無論你說多少次對不起，那傷疤永遠都會存在。其實，口頭上對人造成的傷害與傷害人的肉體沒什麼兩樣，甚至還要更嚴重，就像母熊能夠忘記頭上的傷痛，卻無法忘記言語的傷害一樣。

正是因為有些傷害永遠無法彌補，所以請謹慎自己的言行吧！

不要逞一時口舌之快

逞口舌之欲真的不是一件好事，有「心計」的人都會慎言畏出，緘默守聲，不隨意表達自己的心聲和對外界事物及其他人的看法。

夏允彝在《倖存錄》中記載：一天，某旅店有五個人在一起飲酒，其中一位姓徐的術士說魏忠賢作惡多端，不久肯定會倒臺。另外四人有的沉默，有的害怕，有的勸他說話要慎重，不然會招來災禍。那人卻大聲說：「魏忠賢雖然專橫，他總不能把我剝皮，我怕什麼！」

夜裏，眾人熟睡，忽然門被推開，闖進來幾個人，把那位隨口說大話的人逮走了。不一會兒，又把一同飲酒的另外四個人帶到一處衙門。先被捕的那人一絲不掛地躺在那裡，手腳都被釘在門板上，堂上高坐著魏忠賢。他對四個人說：「這人說我不能剝他的皮，今天不妨試一試。」就命令手下取來溶化的瀝青澆在那人身上，過一會兒瀝青冷卻凝固後，用錘子敲打，只見瀝青和人皮一齊

脫掉，形成一副完整的人皮殼。那四個人嚇得半死，魏忠賢賞給他們每人五兩銀子壓驚，把他們放走了。

喜歡表達自己見解是人的一種偏好。無論有無水準、知識或是是否見過世面都愛如此。發生了一件事情，我們喜歡議論；看了一部電影，我們喜歡評論；要是有什麼與我們利益相關的事，我們更是滔滔不絕地說個沒完沒了；又或是如果有人請教我們，我們更當仁不讓地作激情洋溢的演說。有時我們偏執到像故事中那位徐姓的術士一樣不知安危得失只圖嘴巴說得快活，結果卻給自己惹來殺身之禍。

小王有個朋友，就是喜歡逞一時口舌之快。其實言多必失這個道理誰都明白，可他就是打死也不信這個邪。

記得有一次他負責招聘工作，一位應聘者說自己是師大畢業的，但沒具體說是師大哪個系所，他脫口說出：「師大有一流的，也有二流的。」讓人大感不悅。

這話的意思不就是懷疑那人有點徒具虛名嗎？這話果真讓那人逮個正著，非讓他說出師大到底哪間系所是二流。眾所周知，師大的系所水準雖然有高有低，但也不至於是二流。他的話其實只是逞一時口舌之快說出來，並沒有什麼實際意義，結果僵持到最後，還得向人家賠禮道歉。

凡事三思而行，說話也不例外。在開口說話之前要思考，確定不會傷害他人再說出口，才能達到一言九鼎的作用，你也才能受到

別人的尊重和認可。

逞一時口舌之快，其實也是一種生理快感的宣洩形式。所不同的是，打噴嚏的快感是純生理的，而逞一時口舌之快卻摻有極濃的心理色彩。若從這個意義上來談，要克服逞一時口舌之快的毛病，就要從平常的自我心理調節上下功夫。

不過話說回來，如果你知道自己有逞一時口舌之快的毛病，而且在短時間內很難克服，那麼你就應該經常備有相應的補救措施。

愛逞一時口舌之快者大多是心浮氣躁、又習慣指責他人的人。在他們的心靈世界裡根本就沒有「忍」字可言，只要不順心，見事罵事，見人罵人，為的就是排遣胸中的憂煩。但他們根本就沒有想到，自己焦躁的情緒得到宣洩了，被罵者心中的感受又是如何呢？

在人際交往中，常常看到一些爭吵原是出於某件雞毛蒜皮的事，但由於一方逞一時口舌之快，說了帶情緒的話，傷害了對方的自尊心，而另一方也不願意做省油的燈，受羞辱後也勃然大怒、反唇相譏，從而雙方你來我往，把口水仗打得如火如荼，甚至大打出手，小事變成了大事，終釀成禍端。如果你有逞一時口舌之快的習慣，就要不斷培養自己的耐性，多站在對方的立場上考慮問題。

▌說話前先用三個篩子檢視是否必要。

守住別人的祕密

　　每個人都有屬於自己的隱私，它就像一片被我們保存完整的園地，我們每天在自己的心中為它鋤草、施肥、灑水，卻不願任何人踐踏它。

人有兩個世界：一個是身外的世界，一個是自己的世界。如果你明智，就不要無故參與到別人的世界中去，也不要輕易把自己的世界全部敞開給別人。每個人都有屬於他自己一個人的生活圈，儘管我們的頭頂有相同的藍天，腳下有相同的土地，但我們的世界卻不同，別去妨礙別人，也不要讓別人妨礙你的私生活，這是我們生活中的基本原則。

子曰：「人有私，切莫說。」意思是別人有隱私，絕對不能說出來。別人跟你訴說他（她）的隱私，就是把你當做知心朋友。一旦你說出別人的隱私，不但會讓你們在友誼的道路上距離愈來愈遠，還會使你失去別人對你的信任，所以記得要尊重別人的隱私。

而要尊重他人的隱私，首先就是要做到不去打探別人的隱私。

個人隱私是一個十分敏感的區域，是每個人心中的小祕密。打聽這些祕密，會給別人造成極大的心理壓力，在人際關係中產生許多不必要的麻煩。

在機場排隊通過海關時，都有一個規定：每個排隊隊伍前的地面上都有一道線，隊伍的第一個人站在線內，第二個人站線外。在第一個人沒有離開時，第二個人絕對不可以上前。

在歐美一些國家，這樣的景象比比皆是，在需要排隊的公共場所，都有這樣的「一公尺線」，每一個人都自覺地遵守這一規定，極少有人觸犯。

尊重別人的隱私，還要做到不主觀臆斷，妄加猜測。在日常生

活中，有些人喜愛捕風捉影，無事生非，製造所謂的新聞。殊不知，這樣做既製造了人與人之間的矛盾，也損害了他人的名譽，不利於人與人之間的順利交往，這種人為多數人所不齒。因此，在社會交往中要學會用善良的眼光看人，不能聽風就是雨。

如果你的隱私被人到處亂說，人人都在議論你，你的心情會怎麼樣？可想而知，當然是非常氣憤與難堪。所以你要學會設身處地地去想，就不會做錯事了。

▋別人告訴你祕密，意味著交出信任。若說出對方的祕密，
不只傷害彼此的信任，也讓自己的名譽扣分。

有一個村莊，村民都真誠相待，和睦相處，因此被稱作世上最美的村莊。但在有一天情況改變了，村民們不再像過去一樣，大家都開始相互提防，美好的生活被打亂了。之後追查這種現象的起源，原來新搬來村中的一位少婦她利用村民的真誠，知道大家的隱私後，便開始大肆宣揚，挑撥離間，讓真誠的村莊就這樣毀掉了。

雖然那位少婦很快地就搬離了這個村莊，但是人們的生活卻再也回不去了。

村民們為他們的過於誠實付出了昂貴的代價。真誠待人並不是實話實說，一個人出於個人尊嚴或其他某些方面的考慮，而不願為別人所知道的個人事宜都屬於個人的隱私。這也是衡量一個人是否有教養，是否尊重他人的重要標誌之一。

在尊重他人隱私的同時，也不要用自己的隱私取悅別人，那樣最終所獲得的只是他人對你的嘲笑和污辱。

當我們的隱私不被別人尊重時，會感到受了傷害。換個角度想，當我們探聽或公開別人的隱私時，對別人是不是也構成一種傷害呢？

攻略摘要

有句俗話說：「言多必失。」它是講，一個人總是滔滔不絕地說話，說的多了，言語中就自然而然地會暴露出許多問題。例如你對事物的態度，對事態發展的看法，今後的打算等等，都會從言語中流露出來，被對手所了解，從而制定出相應的策略來戰勝你。

而且話多了，自然會涉及到其他人。別人在傳話的過程中也難免會加入他個人的主觀理解，等到你談的內容被話題中的對象聽到時，可能已經大相徑庭了，勢必造成誤解、隔閡，進而形成仇恨。

說話能把握分寸，說得恰到好處，是一種修養、一種水準，既不能喋喋不休，口若懸河，又不能該說話時卻沉默寡言。可見，言談能反映出一個人為人處世的涵養功夫，所以，要把握好分寸和態勢。

其實，無數的事實證明，說話的魅力並不在於話說得多麼流暢，多麼滔滔不絕，而在於是否能善於表達真誠！如果你能夠用得體的話語表達出真誠時，就贏得了對方的信任，對方就可能由信賴你這個人從而喜歡你說的話，進而喜歡你的一切。

畢竟每個人都希望能獲得別人真誠的關懷、理解和尊重。大多數的時候，一句真誠的讚美，可能只花你一分鐘，但對於聽者，可能會影響其一天、一年甚至一生。

八卦是避免不掉的，八卦是一定要的，但可以追求比較有品味的方式來八卦，而不是到處在別人背後說壞話。

——《蔡康永的說話之道2》

Level 4

90% 的困難，
都可以靠同伴過關！

攻略
13 給人面子，留著裡子

說明｜常言道「得饒人處且饒人」，任何人都沒有權利去踐踏別人
的尊嚴。無論是責人之過或教人之善，都必須站在對方立場
上設想，要在其可以接受的範圍內去指正過失、教人行善，
否則過猶不及，只會白費苦心。

運用｜試著站在對方的角度思考，體貼設想他人的感受，避免讓人
感到尷尬或不適，並常以讚美認同對方的成果或理念。

一句或兩句體諒的話，對他人的態度做寬大的理解，這些都可以減少對他人的傷害，保住他人的面子。有時候，給別人留面子才能更好地解決人與人之間的問題。

在一家著名國際飯店，某位外賓在吃完最後一道餐點時，順手就把精美的筷子悄悄地插進了自己西裝內的口袋。

這幕恰巧被服務小姐看到了，只見她不動聲色地迎上前去，雙手捧著一個裝有一雙筷子的小盒，對外賓說：

「我發現先生在用餐時，對我們的筷子愛不釋手，非常感謝您對這款精細工藝品的賞識。為了表達我們的感激之情，經餐廳主管批准，我代表本飯店，將這雙圖案精美，並經過嚴格消毒的筷子送給您，並按照飯店的優惠價記在您的帳上，您看這樣如何？」

外賓自然聽出服務小姐的弦外之音，在表示一番謝意後，說自己不勝酒力，多喝了兩杯，就頭腦發暈地誤將筷子插入口袋。然後，外賓聰明地借此下「臺階」說：「既然這雙筷子沒有消毒就不好使用，我就以舊換新吧！」說著，便取出口袋裡的筷子，將其放回到桌上。

指出別人錯誤時，別忘了留個臺階給對方

人們都有一時衝動做錯事、說錯話、得罪人的時候。但是，為了保全面子，多數人都會為其尋找各種藉口，如果不講究方式，直言相對，只會使事態變得更嚴重。給對方留個面子，一般來說，對

方都會買你這個面子，而且，會對你的口下留情深表感激。

　　某家商場來了一位女顧客，要求退換她幫丈夫買的一套西裝。其實她已經讓丈夫穿過了，只是她丈夫不喜歡；但她仍堅持說「絕沒穿過」。店員檢查了西裝外套後，發現確實有明顯乾洗過的痕跡。但是，直接向顧客說明這一點，顧客是絕不會輕易承認的，甚至可能會因此發生爭執。

　　於是，機靈的店員說：「我想知道是否你們家的某位成員曾把這件衣服誤送到洗衣店乾洗過了！記得不久前我家也曾發生過同樣的經歷，我把一件剛買的衣服和其他衣服一起放在沙發上，結果丈夫一時沒注意，就把這件新衣服和一大堆髒衣服全部塞進洗衣機。不曉得您是否可能也遇到這種情況呢？因為這件衣服的確有明顯被洗過的痕跡。您可以和其他件衣服比一比。」

　　顧客比較了一下後，知道無可辯駁，而店員又為她的錯誤準備好藉口，顧及了她的面子，給了她一個臺階下，於是她便順水推舟，乖乖地收起衣服走了，一場可能的爭吵就這樣避免了。

　　每個人都會有走不出的時候，都會遭遇尷尬，當別人爬不上來時，遞一把梯子給對方，那麼，你得到的不僅是自己的成功，更多的是別人對你的尊敬。但是有人往往認識不到這點，非得要爭個勝負，弄個一清二楚，最後常常把一件好事弄得不歡而散。

　　我的同事老王是一個很喜歡表現的人，在某次同事間的聚會上，大家談論起自己的母校。新來的小孫為了面子謊報自己的學

歷。老王正好熟知這所學校，為了表現自己，他就不斷地逼問小孫關於學校的情況。結果呢？當然是小孫的謊話被當場拆穿，聚會也因此不歡而散了！

一件快樂的事情就因為老王的不懂進退，導致了另一個極端的進展，不僅如此，還傷了同事之間的感情，何苦呢？為什麼不學學那兩位聰明的服務小姐和店員呢？

指正他人錯誤是一門學問，拿捏不準語氣反而會招致反感，下次遇到這種情況不妨試試「三明治法則」！將建議夾在讚美之中，降低對方的不信任與不適感。

肯定對方的優點 ▶▶ 提出待改進的地方 ▶▶ 鼓勵對方改變

你要學會偶爾往別人臉上貼金

有些人之所以那麼注重外表服飾，甚至囊中羞澀也要趕時髦，原因之一，就在於服飾能直觀地表現出一個人的面子。衣服是人的外表，當然是面子的象徵，所以只要是稍微體面點的高級場所，都會在門口掛出告示：「衣冠不整，恕不接待。」

道理很簡單，就因為面子非常重要，沒有面子，就不夠體面，不體面就吃不開。西楚霸王兵敗烏江的時候，就悲歎：「縱江東父

兄憐而王我，我何面目見之！」所謂「何面目見之」，也就是「沒臉見人」，更文雅的說法便是「無顏見江東父老」。

所以，每個人都需要面子，而且也都希望自己有面子，有面子就能被別人看得起，表明他在人群中有優越感。懂得這個道理，交友就方便許多，只要你能放下自己的面子，給朋友一個面子，相信絕對會獲益匪淺。

面子要讓給朋友，不要去爭，爭面子於己於友，都沒好處，只會白白傷了和氣。

西晉的富豪石崇與王愷鬥富，就是典型的面子之爭。王愷用麥芽糖摻和米飯擦鍋，石崇就用蠟燭煮飯；王愷用紫絲布做布障四十里，石崇就做錦布障五十里；王愷用赤石脂塗牆，石崇就用花椒和泥來塗。最後，弄得晉武帝也來幫忙，他賜給王愷一支二尺高的珊瑚樹，枝椏扶疏，世間少見。沒想到石崇根本沒將它放在眼中，拿起他的鐵如意就敲過去，珊瑚樹應聲而碎，他則是回頭吩咐左右隨從回家取出珊瑚樹，讓王愷任意挑選，有三尺高的，四尺高的，弄得王愷顏面無存，垂頭喪氣。

石崇不會忍讓朋友，一下讓王愷的面子丟盡。他比王愷富有，這是一個事實，他卻還非比不可，結果自然是他面子十足。無論王愷接不接受珊瑚樹，有一點是肯定的，面子傷了，交情就更談不上了。石崇大可不必做得如此絕，假如他肯處處讓人一分面子，那就是另一種情形。

　　交朋友，要懂面子，首先就是要懂得如何照顧朋友的面子。倘若自恃自己的面子大，不把別人放在眼中，碰上死要面子的朋友，就可能不吃你那一套，甚至可能撕下臉皮和你對著幹，這樣常會把友情搞糟。

　　西晉時，鐘會去拜訪嵇康，卻遭到冷漠對待。原來嵇康當時「揚鏈不輟，旁若無人」（舉起鐵錘，不停地打鐵，一副旁若無人的樣子），經過好長一段時間，都沒和鍾會交談。之後當鍾會起身要離去時，嵇康才開口問鍾會說：「你聽到了什麼來看我？又看到了什麼要離去呢？」鍾會回答說：「我聽到了所聽到的而來，看到了所看到的而離去。」讓鐘會感覺被輕視。他嚥不下這口氣，於是就報復嵇康，向司馬昭進讒言，讓嵇康上了法場，人頭落地。

　　這叫以牙還牙，以眼還眼，有些人就是這樣：無論恩仇，都要回報。因為，老子早就說過「來而不往，非禮也」，不但要回報，而且回報的級別，往往還大於給予者。人敬我一尺，我敬人一丈。同樣，你傷了我的面子，我也一定要還以顏色。

　　其實，既然是以恩報恩，那麼與其傷了朋友的面子，不如給他一個面子，讓他欠下恩情，他日後回報的面子一定大於你給他的，畢竟滴水之恩，必當湧泉相報。

　　諸葛亮在《出師表》中說「臣本布衣，躬耕於南陽，苟全性命於亂世，不求聞達于諸侯，先帝不以臣卑鄙，猥自枉屈，三顧臣于茅廬之中，咨臣以當世之事，由是感激，遂許先帝以驅馳……。」

諸葛亮之所以一生追隨劉皇叔，就是因為劉備給了他太大的面子。劉備前兩次去見諸葛亮，都未能見到，一直到第三次，臥龍才與他攀談，如此大的面子，不報不行，這位歷史上最出名的謀士，被請出山時還是滿頭青絲，等到他去世的時候，已是白髮老翁了。最後他不僅回報劉備，也回報其兒子阿斗，死在戰場上。

　　朋友相交，也要懂得會用面子。面子用多了難免會磨損，所以拉下自己的面子給別人，無異於補一下朋友的面子，更通俗點來說，就是往朋友的臉上貼金，貼金的事，相信不會有人拒絕，朋友只會高興，只會感激你。比方說，你有喜事臨門，朋友來向你道賀，你要說，「沾您的光，托您的福。」這樣一說，雖然會使你自己的光彩暗些，但朋友的面上則會光亮許多。

　　即使你對朋友的所作所為有些微意見，但在說的時候也要給朋友面子。你總得先說「你的某某事做得很棒，效果、反應都不錯」，然後再用「就是」、「但是」、「不過」等來做文章。其實，誰都知道，「但是」後面的才是真正要說的話，但前面的話一定要說，因為它不是假話，也不是廢話，而是為了營造和諧氣氛的客氣話。你若直來直去，對方必然會覺得你掃了他的面子，心中難免會大起反感。所以，委婉的話少不了。

給對面子好做人，馬屁一定要拍準

　　而在給面子時，還得要給得恰當，不恰當就是不給面子。如果被請之人面子很大，而又未受到應有的待遇，那就成了極傷面子的

事情。

魯國大夫公父文伯在一次宴會上，特別請大夫露睹父作為貴賓。然而，在上菜的時候，放在露睹父面前的一隻鱉，不知怎麼竟然比其他客人的小了些。露睹父的修養也不是很好，他看著四周的鱉，大為惱火，在眾多賓客面前不禁大聲說：「等這隻鱉長大以後再吃吧！」說完便拂袖而去，搞得公父文伯十分尷尬，好好的宴會鬧得不歡而散。

為了一隻鱉，導致主客翻臉，看起來十分不可思議，但你要是明白吃鱉就是吃面子，就不會覺得奇怪了，在現實生活中要面子的又不是只有露睹父一人。謙虛、恭敬是給面子的良方，它的好處在於你具有的美德，在朋友那，則成了給他面子的一種表現。

假如在交際的過程中，傷了人家的面子，你還得學會補償。

倘若你的傷害是無意的，傷害的程度又不大，這時，立即去補償，一般都能化解矛盾，不致釀成大禍。但是，該怎麼補呢？一是趕緊說對不起，真誠地向對方道歉。二是如果對方的面子本來就大，那麼便只好自己責備自己了。總之，就是以貶損自己，來相應地抬高對方，補償他的面子。

以上用於平輩，或卑對尊，若是尊對卑，則是尊者要給卑者一個更大的面子。

《紅樓夢》有一回講到：賈母聽了鴛鴦的哭訴，知道她的大兒媳邢夫人幫大兒子找小妾後，氣得渾身發抖，因見王夫人在旁，

便向王夫人道：「你們原來都是哄我，外頭孝敬，暗地裡卻盤算我……。」王夫人連忙站起來，不敢頂一句話。

探春是個有心人，想來王夫人是有委屈不敢辯，薛姨媽不好辯，寶釵不便辯，李紈、鳳姐、寶玉不敢辯，迎春老實，惜春年幼，看來只有她了。於是探春便賠笑地向賈母道：「這事與太太有何相干？老太太想一想，大伯子要收進屋裡的人，小嬸子如何知道？便知道，也推不知道。」賈母笑道：「可是我老糊塗了，姨太太別笑話我，你這姐姐她極孝順我，不像我那大太太一味怕老爺，婆婆跟前不過應個景，可是委屈了她。」賈母對寶玉說：「你快給你娘跪下，你說太太別委屈了，老太太有年紀了，看著寶玉罷。」寶玉聽了，忙走過去，便跪下要說，王夫人忙笑著拉他起來，說：「快起來，快起來，斷乎使不得。難道替老太太給我賠不是不成？」

賈母錯怪了王夫人，又當著眾人面，不但傷了王夫人的面子，也傷了自己英明的面子，但她不能向王夫人賠禮，因為她既放不下身段，王夫人也消受不起。而王夫人丟的面子，必須由賈母為她找回來，於是才有這麼多的拐彎抹角。薛姨媽在血緣上是王夫人的妹妹，在身份上又是親戚，所以賈母先拿她作轉彎的契機，面子就比較好看。寶玉是王夫人的兒子、賈母的孫子，輩分最低，而血緣最親，拿他作代罪羔羊，既不傷面子，又不傷感情，既賠了王夫人禮，自己又不虧。

賈母的如意算盤，實在打得不錯，然而這裡面最明智的，就數探春了，若沒有探春提醒，王夫人怎會從老祖宗那賺足了面子？是

以探春給了王夫人一個大大的面子，王夫人就欠了她一個人情，所以，你會明白，為什麼探春儘管出身低下，卻在姑娘們中有很高的地位，甚至她連她的親生母親趙姨娘都不屑一顧，這全是因為王夫人格外恩寵呀！

面子像人的衣服一樣，可以遮掩身體，可以作偽，但情感卻必須是真實的。面子有大有小，情感亦有深有淺，但情感的大小不以面子的大小為轉移，只以內心的體驗為依據，因而比面子更真實。出於面子而為人辦事，難免敷衍，或盡力不盡心；出於情感而為人辦事，則會盡心盡力，兩肋插刀。所以，面子的善用，不是拿來辦事的，而是為了讓朋友欠你個人情，即是欠下了情，這是真實的東西，就不怕他辦事會不盡心，交友會不誠心。

▍如何「拍馬屁」拍地自然不油膩？

1. 尋求建議的方式
例如：「最近有很多客戶打來詢價欸，你怎麼想到這個點子的啊？」

2. 間接讚美
在背後讚美他人（如對周遭朋友說他的好話），效果不僅更好，感覺也更真誠。

3. 先認真回饋再附和、讚美
別人每說一句就馬上奉承不免做作，應先真誠回饋再讚美，感受較為自然。

　　爭強好勝，使對方下不了台，常常不會有好結果。對於明智的人來說，即使自己會做得很好，也絕不逞一時之強，做出使他人難堪的蠢事。也就是說，給人面子是聯絡感情的最好方法。而傷人面子，受害的最終是自己。

　　在現實生活中，我們常會遇見一些無法讓步來照顧對方自尊心的事，又該怎麼做呢？那也要給別人留一點餘地，就像下圍棋一樣，「贏一目是贏，贏一百目也是贏」（一目相當於 0.5 個棋子），只要能贏就行了，何必讓人家滿盤皆輸？比如與人爭辯，以嚴密的辯論將對方駁倒固然很好，但也沒必要將對方批駁得體無完膚。這樣做不但對自己毫無好處，甚至會自食其果，遭到對方的反擊。可見，我們做事情千萬不能太過分，不能由此而傷別人的心，要給對方留有餘地。這一點在處理人際關係時非常重要。

進入一段關係已經算是一種暴力，我們得盡量為彼此保留餘地。

——佚名

實戰應用

如果今天聊天剛好出現你很感興趣、也很擅長的話題，而有個人明明一知半解，卻夸夸其談，甚至說出了錯誤的資訊，你會怎麼反應呢？是把握機會嘲諷一波？不留餘地給予指正？還是當什麼都沒發生，默默吞下想說話的慾望呢？說話是門學問，回想過去的自己是哪種類型吧！

14 想做人平安，
得保持適當距離

說明｜有句俚語說：逢人只說七分話，不可全交一片心。向他人公
　　　開自己祕密，往往會吃大虧。因為世界上的事情沒有固定不
　　　變的，人與人之間的關係也不例外。

運用｜過度的信任與依賴可能導致反效果，記得和他人保持一點禮
　　　貌的安全距離，保護自己，也留給他人舒適的空間。

　　這陣子很紅的一個電視節目「天黑請閉眼」，不知道你有沒有玩過類似這樣的殺人遊戲呢？遊戲很簡單，其實就是殺手殺人，接著開始透過分析找出殺手。大家享受的是這種推理判斷的樂趣。但是假如有人提前洩露了自己扮演的身份，那麼遊戲就將變得索然無味了。同樣的，做人也是這樣，假如你一下子就將自己的底牌全部說出來，那麼你在別人眼中就像拔完毛的雞一樣，想怎麼收拾都可以了。可見，人還是要學著隱藏好意圖，裝點神祕的好。

隱藏你的意圖，凡事都要留一手

　　魏明帝死時，把小皇帝曹芳（即魏少帝）託付給司馬懿和曹爽。曹爽想獨攬大權，於是便以魏少帝的名義提升司馬懿為太傅，實際上則是奪去他的兵權。接著，曹爽又把自己的心腹兄弟都安排了重要的職位。司馬懿看在眼裡，只是裝聾作啞，一點也不干涉。

　　雖然司馬懿表面不說，暗中卻自有打算。好在他年紀也確實老了，就推說有病不上朝，曹爽聽說司馬懿生病，正合他的心意，但是畢竟有點不放心，還想打聽一下太傅生的是真病還是假病，於是就請李勝前往探病，並調查虛實。

　　李勝是曹爽的親信，被派為荊州刺史。李勝臨走時，特地到司馬懿家告別，也算是替主子偵查情況。司馬懿得知消息，就演出了一場精彩的戲，用來掩蓋自己的意圖。

　　李勝到了司馬懿的臥室，只見司馬懿躺在床上，使喚旁邊兩個

丫頭伺候他吃粥。他不僅沒用手接碗，還只把嘴湊到碗邊喝。沒喝上幾口，粥就沿著嘴角流了下來，流得胸前衣襟滿滿都是。李勝在一旁看了，覺得司馬懿病得實在可憐。

李勝對司馬懿說：「這次蒙皇上恩典，派我擔任本州刺史（李勝原是荊州人，故說本州），特地來向太傅告辭。」

司馬懿喘著氣說：「哦，這真委屈您啦！並州在北方，接近胡人，您要好好防備。唉，我病得這樣，只怕以後見不到您啦！」

李勝趕緊說：「太傅聽錯了，我是回荊州去，不是到並州。」

沒想到司馬懿還是聽不清楚，李勝只得又大聲說了一遍，司馬懿才總算有點搞清楚地說：「我實在是年紀已經大了，耳朵聾，都聽不清楚您說的話。原來您是做荊州刺史，這真是太好啦！」

李勝告辭出來便向曹爽一五一十地說了一遍，還補上一句：「太傅看來只差一口氣，您就用不著擔心了。」

曹爽聽了之後，高興極了。而司馬懿這邊呢？他一方面在演戲，掩飾自己真正的意圖；另外一方面則是積極採取措施，為奪權作準備。

西元 249 年，魏少帝曹芳到城外去祭掃祖先的陵墓時，曹爽和他的兄弟、親信大臣全跟著去了。司馬懿既然病得厲害，當然也沒有人請他去，哪知道曹爽一群人一出皇城，太傅司馬懿的病全好了。他披戴起盔甲，抖擻精神，帶著他兩個兒子司馬師、司馬昭，

率領兵馬佔領了城門和兵庫，並且假傳皇太后的詔令，把曹爽的大將軍職務撤了。

曹爽和他的兄弟在城外得知消息，急得亂成一團。有人給他獻計，要他挾持少帝退到許都，重新集結人馬，對抗司馬懿。但是曹爽和他的兄弟都是只知道吃喝玩樂的人，哪有這個膽量。因此當司馬懿派人去勸他投降，說只要交出兵權，就絕不為難他們時，曹爽就乖乖地投降了。

過了幾天，有人告發曹爽一夥意圖謀反，司馬懿便派人把曹爽一夥人全關至監獄並處死。這樣一來，魏國的政權名義上雖然還是曹氏的，實際上卻已經轉到司馬氏手中。

司馬懿正是藉由將自己的真實意圖合理地掩飾，讓對手摸不清虛實，放鬆了警惕，從而獲得最終的勝利。

軍事上、政治上講求虛虛實實，最先被人看破有意圖的人將是最先出局的人。同樣在生活中也要學會隱藏自己的真實意圖。這個世界太瘋狂了，你摸不準什麼時候就會變樣，就連最親的朋友也可能會背叛你。不讓人看穿自己的祕密，這就是一種保護自己、處事不敗的原則。

成事之智存在於掩飾之中，因為一次亮出自己底牌的人可能會輸掉。不要讓別人的關注戰勝你的謹慎和小心。當你的對手像山貓一樣窺視你的思想時，你要像棋手一樣掩飾它，不要讓任何人發現你的意圖，讓別人預見到它，也不要讓別人阻礙或誇耀你的意願。

▌當他人探問隱私時，你可以試著這麼做：

用開玩笑的方式帶過
「沒辦法，我帥到分手。」

將話題引導回對方身上
「她很好啊！那你媽現在腰傷有好一點嗎？」

沉默拒答或去忙別的事
「啊！我今天下午要訂票。」

確實守住自己的祕密

老虎給兔子寫了一封信，信中說：「兔子兄弟，以前是我不好，把你嚇得四處躲藏，最近我好好反省自己，才知道實在是太過分了。如果你能既往不咎，我願意向你賠禮道歉。另外，我從國外帶回來一大包鮮草，如果你和你的家人能夠享用，這將是我莫大的榮幸。聽說你有三棟漂亮的別墅，如果你能原諒我，我願意帶上禮物參觀你富麗堂皇的住處……。」

兔子看完信後，心裡很高興，既然老虎有這個誠意，自己就寬容一些吧！於是牠立即回信，邀請老虎來家中做客。老虎果然帶來了一包進口的鮮草。兔子帶領著老虎參觀自己的三處別墅，並對老虎說：「別人都說狡兔三窟，這可是我們防身的祕密呀！你千萬不

要讓別人知道這個祕密，要不然，我一家老小十幾口就要遭受滅頂之災啦⋯⋯。」

沒想到，還沒等兔子說完，老虎就把兔子生吞活剝了，而分散在其他兩所別墅的家人也成了老虎一個月的美食。

兔子悲慘的命運實在是咎由自取，明明知道這是攸關全家性命的祕密，卻還是明明白白地透露給老虎知道。但是，這種現象在我們的生活中並不少見。最後，深受其害的人往往就是自己。

與人相處，不要把自己過去的事全讓人知道，特別是那些不願讓他人知道的個人祕密，要做到有所保留。向他人過度公開自己祕密的人，往往會吃大虧。因為世界上的事情沒有固定不變的，人與人之間的關係也不例外。今日為朋友，明日成敵人的事更是屢見不鮮。你把自己過去的祕密完完全全地告訴別人，一旦感情破裂、反目成仇，或者他根本不把你當做真正的朋友，想想看，你的祕密他還會替你保守嗎？

他不僅不會為你保密，還會將所知的祕密當做把柄，對你進行攻擊、要脅，弄得你聲名狼藉、焦頭爛額，那時的你，想後悔也來不及了。

拿捏好與人的距離

小新是我一家合作廠商的員工，他和同事相處很融洽，往往願意為人兩肋插刀、推心置腹，與同期進公司的小宇更是無話不談的

好朋友。一次，借著酒興，小新向小宇說出他不為人知的祕密。原來從前的小新，年輕氣盛，有次與別人打群架，不小心砍傷別人，結果被判了兩年刑。從監獄出來後，他改過自新，立志重新做人，於是考上了大學，畢業後進了現在這家公司工作。

沒想到，某年公司的效益不佳，準備裁員以度過景氣寒冬。小新和小宇因為從事同樣工作，所以這個位置只能留下一人，但論工作實力，小新其實比小宇略勝一籌。

但沒過多久，公司的同事卻都不知從哪裡知道小新原來有坐過牢的前科，大家對他的印象也開始大大削弱。試問有誰願意跟一個犯過罪的人共事呢？結果小新不得不被裁掉離開公司，而小宇也就理所當然地留了下來。

每個人都有自己的過去，或多或少都有一些不為人知的祕密。朋友之間，就算感情再好，也不要隨便把過去的事情、自己的祕密告訴對方。守住自己的祕密不僅是對自己的一種尊重，也是對自己負責的一種行為。羅曼・羅蘭說過：「每個人的心底，都有一座埋藏記憶的小島，永不向人打開。」馬克吐溫也曾說過：「每個人像一輪明月，他往往只呈現光明的一面，但另有黑暗的一面卻從來不會給別人看到。」

如果你身在職場，而且將自己的祕密告訴了同事，在關鍵時刻，他很可能就會跟小宇一樣，把你的祕密作為武器來回擊你。

所以千萬要記住不要把同事當作心理醫生。比如，要好的同事

可能會問你：「最近和你男（女）朋友的關係怎麼樣啊？」你不妨可以大而化之地回說：「還好。」對方可能只是出於善意的關心，但你最好也是點到為止就好，不必進一步解釋，相信識大體的同事也不會再繼續問下去。

無論是在辦公室、洗手間還是走廊，只要在公司範圍內，都不要談論私生活；不要在同事面前表現出和上司超越上下級的關係；即使是私底下，也不要隨便對同事談論自己的隱祕思想；如果和同事成了朋友，更不要常在其他同事面前表現得太過親密。對於涉及工作的問題，則是要公正，不拉幫結派。

有些同事喜歡打聽別人的隱私，對這種人要「有禮有節」，如果不想說時，就要堅決而禮貌地說「不」。不要把分享隱私當成建立同事關係的途徑，畢竟同事也是由形形色色的人所組成的，都有著善良和心計。我們不妨換位思考，站在同事的角度想一想，也許更能理解為什麼有些話不能說，有些事不能讓別人知道。唯有全面地看待問題，才會幫助你知道什麼該說，什麼不該說。

要知道，祕密只能獨享，並不能作為禮物送人，再好的朋友，一旦你們的感情破裂，你的祕密就會人盡皆知，那麼受到傷害的人將不僅是你，還有祕密中牽連到的所有人。

儘管我們說對好朋友應該開誠布公，但這並不表明就不能擁有自己的祕密。「不相信任何人和相信任何人都同樣是錯誤的。」不相信任何人就會自我封閉、永遠得不到友誼和信任；而相信任何人則屬於幼稚無知，終歸會吃虧上當，兩者都不可取。你應該永遠記

住：祕密只能伴隨自己，千萬不要廉價地送給別人。因此，與人交往時，你要避免自己的感情衝動和談話時間過長，做好必要的防範。

保護隱私，一來是為了讓自己不受傷害，二來也是為了更好地工作。不過，不要把過去的事全讓人知道並不等於什麼都不說，也沒必要草木皆兵。若對一切問題都三緘其口，也很容易讓人覺得你不近情理。有時有保留地跟朋友說說自己的過去也無妨。比如，說說你小時候讀書上學之類無關緊要的事情，或者拿自己的缺點自嘲一把，或和大家一起開開自己無傷大雅的玩笑，都會讓人覺得你有氣度、夠親切，可以增進了解，加深感情。但是，千萬別忘了真正的祕密還是只能藏在自己心中。

▌不只要懂得保護自己，也不要過度挖掘他人的隱私。

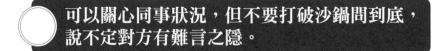

○ 可以關心同事狀況，但不要打破沙鍋問到底，說不定對方有難言之隱。

○ 不隨意打擾同事私生活，非勤務時間請保持禮貌距離。

○ 不輕易在網路或公司電腦暴露個人隱私、資料或影像。

👍 攻略摘要

有這樣一個實驗，有人在辦公室裡故意告訴身邊某人一個無關緊要的花邊新聞，結果很快的，這個新聞就藉由別人傳開了。把實在忍不住想要說出口的祕密，寫在一張紙上，再燒掉，很明智；但把它告訴別人後，希望再讓別人為你保密，則很愚蠢。

當你和別人共同擁有一個祕密時，你往往會因這個祕密而和對方綁在一起。這對你靈活機動地處事是一個障礙。同時，對方也可能會在關鍵時刻，拿你的祕密作為武器回擊，讓你在競爭中失敗。

在現實中，上司受制於下屬，老實人反被朋友陷害的事例不勝枚舉。我們之所以要警惕提防，是防患於未然。我們不主張去害別人，但存有防範之心，無論如何都是必須的。所以，你不要期望別人為你保守祕密，假如你真有什麼祕密的話，請把它保存在自己的心裡就好。

不要讓別人知道你在想什麼。
Don't let anybody know what you are thinking.

——《教父》

攻略
15 相信人，不如
「相信對的人」

說明｜拐杖讓人支撐、倚靠，但卻也給人太多的依賴和保護，讓人
　　　失去勇氣和能力去面對困難的挑戰，只有拋棄拐杖，靠自己
　　　的力量戰勝困難，才能取得成功。

運用｜慢慢訓練自己獨立完成任務、解決問題，避免因為過度依賴
　　　或恐懼，在人際關係中感到患得患失。

　　前面我們說過「逢人只說七分話，不可全交一片心」，意思是說，對還不了解的人，無論說話或作為，都要有所保留，不可一廂情願。告訴你不要一下子就把心掏出來，並不是教你做個虛偽、城府深的人，而是因為人性複雜，你一下子就把心掏出來給對方，用心和他交往，那麼就有可能會「受傷」。

別盲目地依賴和信任他人

　　把心掏出來，代表了你的真誠和熱情；但是你把心掏出來，對方也會把心掏出來的人卻不太多，而且也有掏的是假心的人。若這種人又別有居心，剛好利用了你的弱點，好比薄情郎對癡情女一般，那麼你的日子就不好過了。而會玩手段的人，更可因此把你玩弄於股掌之中。

　　也有一種人，你把心掏出來給他，他反而不會尊重你，把你看輕了。有些人就是有這種劣根性，你對他冷淡一些，他反而敬你又怕你。換句話說，對這種人而言，太容易得到的感情，他是不會去珍惜的，那麼你的付出不是很不值得嗎？

　　另外還有一種狀況，你一下子就把心掏出來，如果對方是個謹慎的人，那麼你反而會嚇著他，因為他懷疑你的真誠是另有目的。如果是這樣，你不但會弄巧成拙，同時也破壞了有可能發展的情誼。

　　此外，你把心掏給人家，結果沒有得到相等的對待，那種被拋棄、背叛的感覺是很不好受的。

因此，與其把心一下子掏出來，不如慢慢觀察對方，了解後再「交心」。你可以不虛偽，坦坦蕩蕩，但絕不可把感情放進去，要留些空間作為思考、緩衝，那麼一切就好辦了。不要把心一下掏出來，這和修養、道德無關，而是顧慮到現實。

公司中由於社交活動比較多，多參加這些活動可以加深同事間的感情，但切忌隨便交心。只有你和同事都知道競爭沒用或者你們都放棄了競爭時，才會有真感情。而在兩個相互競爭的同事間，動了真感情，只會自尋煩惱。

張經理出差時在高鐵上遇見一位外商，二人一見如故，互換了名片。這名外商舉手投足間都顯示出一種貴族氣質，這使得張經理對其身份毫不懷疑，恰巧二人的目的地相同。外商又對張經理的產品非常感興趣，似乎有合作意願，兩人便相約同住一間飯店，吃飯、外出幾乎都在一起。這一天，張經理與某客戶談成一筆生意，就隨手把簽約金放在公事包裡。

午飯過後，張經理與外商在自己的房間聊天，不久張經理起身去洗手間，回來時卻嚇出一身冷汗：原來這名外商和擺放簽約金的皮包都不見了！張經理趕緊報警。幾天後案子破了，罪犯被抓後才知道，原來他並不是什麼外商，而是一名職業騙子，這讓張經理對自己的輕易相信他人、交出自己底細的做法痛悔不已。

像張經理這種被人摸清底細，找到縫隙被誘騙的事情幾乎時有所聞。而「外商」的騙術僅在於：他交出「假心」，以此誘騙你交出「真心」。而你不知江湖險惡，就心實厚道地什麼都對他說。所

以，在這一點上我們有必要吸取教訓，換一種不那麼「實心眼」的做人態度。

碰上老實的人，你們一見如故，就把「老底」全都抖給對方，也許會因此成為知心朋友，但在現實中，更多可能的情況是：你把心交給他，他卻因此而小看你，更甚者還會因此打起壞主意，暗算你。

和人初次見面，或者只見幾次面，就算你覺得這個人不錯，也喜歡他展現的形象，也不該把心一下子就掏出來。對還不了解的人，無論說話或行為，都應該要有所保留，不可一廂情願。

謹慎待人是保護自己的防線

清朝雍正皇帝在位時，按察使王士俊被派到河東做官，正要離開京城時，大學士張廷玉把一個很強壯的佣人推薦給他。到任後，此人辦事很老練，又謹慎，時間一長，王士俊很看重他，把他當做心腹使用。

當王士俊任官期滿了，準備回到京城去時，這個佣人卻忽然要求告辭離去。王士俊感到非常奇怪，問他為什麼要這樣做。那人回答：「我其實是皇上的侍衛。皇帝叫我跟著你好貼身監視，你這幾年來做官，並沒有犯什麼大差錯。所以我要先行一步回京城去稟報皇上，替你先說幾句好話。」王士俊聽後嚇壞了，一想到這件事兩腿就直發抖，幸虧自己平時謹慎，沒有虧待過這人，不然要是哪天

對他不好，可能命就沒了。

謹慎是很多人藉以保持神祕力量的法寶，但我們卻常常把持不住。心裡本來有什麼東西，你把它當做自己的看家內涵，放得很高看得很重，彷彿你就因為它而有資本，含蓄和深沉。可你一旦說出，將會變得既不自由自在，又無神祕可言，自然也就顯得不重要了！

現實生活中，許多心思應不能隨便向人表露，宜慎言謹行，尤其初入社會時。一些有心者常會摻雜很多奉承的語言，這很容易迷亂一個人的判斷，也最難抗拒！因此，當聽到這類話語時，你就要提高警惕了！另外，向別人傾吐心事也要慎重，因為心事的傾吐會洩露一個人的脆弱面，這脆弱面會讓人下意識地瞧不起你，最糟糕的是脆弱面被別人知道，會形成他日爭鬥時你的致命傷，雖然這種事不一定會發生，但還是必須提防。

對人交心是危險的，甘願打開自家所有窗戶也是愚蠢的，交朋友也要有底線，否則就會授人以柄，或被人看輕。

做人有許多要訣值得細究，其中如何不讓人知道你的心思尤其是重點。世事複雜，人心多樣，暴露心思一般都是會被人盯梢的！拐杖可以支撐著你走路，遇到阻礙物可以用拐杖挑開，可是，這樣下去你就會離不開拐杖，離不開別人的幫助。依靠拐杖走路，尤其是依靠別人的拐杖走路，是很多人的一種通病，但對於想靠自己努力去獲取成功的人而言，他們的選擇應是：扔掉拐杖，邁開雙腳！

　　人們經常持有一個最大的謬見，就是以為他們永遠會從別人不斷的幫助中獲益。力量是每一個志存高遠者追求的目標，而依靠他人只會導致懦弱。坐在健身房裡讓別人替我們練習，我們是無法增強自己的肌肉力量。在這世界上，沒有什麼比依賴他人更能破壞獨立自主能力，如果你習慣依靠他人，你將永遠堅強不起來，也不會有獨創力。所以說，若要想成大事，就應先拋開身邊的「拐杖」獨立自主。如果做不到這一點，那麼你最好埋葬自己的雄心壯志，一輩子老老實實做個普通人。

▋過度依賴他人做事容易瞻前顧後，
　養成獨立的性格能讓職場人際更為自由。

依靠自己才是出路

　　世界浩大、人煙茫茫，在浩瀚如煙的人海裡，多一個抑或少一個人，宇宙其實並無知覺。地球不會因人類的生老病死而影響旋轉，春夏秋冬不會顧及人間哀樂而反常替換，再偉大人物的離去，

都無法影響宇宙萬物的規律。偉人們尚且如此，像我們這一般的小人物更是從出生至死亡，是否有人了解還是個問題。我們的生命輕如鴻毛微如塵埃，隨時隨地都會消失無蹤。所以，在當下還未消失的階段，就要為自己好好地活。但要怎麼個好好活法？這個問題確實費思量。

首先要學會肯定自己、重視自己，這樣才能擁有自信，唯有自信的人，才有可能活得精彩，哪怕在眾人的眼中再不起眼，或者根本就無人關注，自己也一定要認可、關愛自己。這種認可，這種關愛，每一個人都做得到的，對不對？雖然平庸愚鈍，但在平淡乏味的生活中肯定自己獨有的精彩，這無需別人的認同，只要自己認同就可以。所以請記得，一輩子要靠自己活得精彩，無須理會別人的非議或指手畫腳，自己要走自己的路，這樣的生活才能快樂，才是真正為自己而活。

愛默生說：「坐在舒適軟墊上的人容易睡去。」總是依靠他人，就會覺得總是會有人為我們做任何事，所以不必努力，這種想法對發揮自主自立和艱苦奮鬥精神是致命的障礙！

所以，唯有拋棄身邊的每一根拐杖，破釜沉舟，依靠自己，才能贏得最後的勝利。

一家大公司的老闆曾說過，他準備讓自己的兒子先到另一家企業工作，在那裡磨練磨練，吃吃苦頭，他不想讓兒子一開始就和自己在一起，因為擔心兒子會總想著依賴他，指望他的幫助。

在父親的溺愛和庇護下，想什麼時候來、就什麼時候來，想什麼時候走、就什麼時候走的孩子很少會有出息。只有自立精神能給人力量和自信，只有依靠自己才能培養做事能力和自我實現的成就感。

把孩子放在可以依靠父母或是可以指望幫助的地方是非常危險的做法。在一個可以觸到底的淺水處是無法學會游泳的，而在一個很深的水域裡，孩子才會學得更快更好，當他無後路可退時，他就得想辦法抵達對岸。依賴、好逸惡勞是人的天性，只有「迫不得已」的形勢，才能激發出人們身上最大的潛力。

待在家裡，總是得到父母幫助的孩子，一般都沒有太大的出息，就是這個道理。而當他們不得不依靠自己、親自動手去做，或是在蒙受失敗之辱時，通常就能在很短的時間內發揮出驚人的能力來。

一旦你不再需要別人的援助，自強自立，就踏上了成功之路。而當一旦你捨棄外來的幫助，你就會發揮出過去從未意識到的力量。

世上沒有比自尊更有價值的東西了！如果你試圖不斷從別人那裡獲得幫助，你就難以維持自尊。如果你決定依靠自己，拋棄拐杖，你就會變得日益堅強。

拐杖給人太多的依賴和保護，會讓人們沒有勇氣和能力去面對困難和黑暗的挑戰，只有拋棄拐杖，靠自己的力量去戰勝困難，才能取得成功。

自信是你最強大的力量

信心是人類最偉大的力量之一，它對人類的重要性，正如電在物理學中的意義一樣。

所謂信心，並不是指沒有證據便加以採納和相信，而是指不管多麼艱難，照樣去做。所以，信心是指憑著意識，勇敢地去做，以事實證明自己所相信的是事實。

有位詩人說過：使世界活躍的不是真理，而是信心！海倫凱勒寫過一本名為《讓我滿懷信心》的小書。在那本小書中，她曾經說過這樣一句簡潔有力的話：信心不是一個讓我的背可以依靠的椅墊，而是我工作的熱力！

她就是憑著這種信心的力量，征服了聾啞盲三種最惱人的缺陷。

人生的第一大敵人就是恐懼。恐懼總是讓我們優柔寡斷，但信心正是對付恐懼的一種辦法。

當恐懼來敲門時，就讓信心去對付。信心與恐懼的差別就在於，信心是面向生命的，恐懼是面向死亡的；信心是積極的，總希望有所增益；恐懼則是消極的，結果總是有所毀滅。所以，我們該如何獲得信心呢？

我們不必費勁去求取，其實它早就存在於你的體內，只是你怕運用而已。

信心與生俱來，只是現在我們陷於一種複雜混亂的狀態，把運

用信心認為是一種冒險，所以不敢嘗試。其實，只有信心才能釋放一個人各方面的力量，引導他進行各種探索，並有所收穫。

信心是一股龐大的力量，只要有一點點信心就可以有神奇的效果。信心是人生最珍貴的寶藏，它能使我們免於失望，也免於那些不知從何而來的黯淡念頭，使我們有勇氣去面對艱苦的人生。

同樣的道理，如果喪失了這種信心，是一件非常可悲的事情。我們的前途似乎有幾扇門關閉著，使我們看不見遠景，對一切都漠不關心，甚至沒有生氣的情緒，使我們誤以為是智慧的冷酷終結，所以，此時的信心便是最重要的動力。

信心是天真做人的一種本能，天下沒有一種力量可以和它相提並論，一點小小的信心可以移動艱險的山峰，所以，有信心的人，沒有所謂不可能的事情。他雖會遭遇挫折危難，但他卻不會灰心喪志。

一個過於自以為是的人，常常會讓我們感到不舒服，但這往往也是一種自信的表示，表示他相信自己有能力達到那樣的水準。偉人無一例外，都擁有超乎尋常人的信心。英國詩人華茲華斯（William Wordsworth）就毫不懷疑自己在歷史上的地位，也不恥於談論這一點；但丁也預見到自己將來的名聲。

美國政治家約翰・卡爾霍恩（John Calhoun）就讀耶魯大學時，非常刻苦勤奮，他的同窗還為此譏笑他，但他回答道：「這沒什麼奇怪的。我必須抓緊時間學習，這樣我以後才可能在國會有所作為。」

對方大笑，卡爾霍恩卻認真地說：「你不相信？我告訴你，我只要三年的時間就可以當國會議員，如果不是因為我知道自己有這種能力，我現在就不會坐在這裡讀書了。」

　　人是為了信心、一種有深度需要的信心而生的，我們一旦失去了信心，就違背了自己的本性，一切不敢肯定，人生就沒有根了。

　　有一個孤兒，生活無依無靠，既沒田地可以種，也沒有資金可以讓他做生意維持生活，他很迷惘和彷徨，只好四處流浪。有一天，他看到一座寺廟，就走進去，拜見那裡的高僧。

　　他說：「我既無一技之長，又無任何資本，該如何生活呢？」

　　高僧把他帶到後院一處雜草叢生的亂石旁，指著一塊陋石說：「你把它拿到市集去賣吧！但要記著，無論有多少人來問，要買這塊石頭，你都不能賣。」

　　孤兒疑惑地抱著這塊石頭來到市集，在一個不起眼的地方蹲下來賣石頭。可是，那是一塊陋石啊！根本沒有人把它放在眼裡。第一天過去了，第二天過去了，到了第三天時，漸漸地有人來詢問。第四天時，真的有人要來買這塊石頭了。到了第五天後，那塊石頭已經能賣到一個很好的價錢了。

　　孤兒去找高僧，高僧說：「你把石頭拿到石器交易市場去賣，但還是要記住，無論多少錢都不能賣。」

　　孤兒把石頭拿到石器交易市場去，又是一天、二天，第三天

時，漸漸地有人圍過來問，以後的幾天，問價的人愈來愈多，石頭的價格也已被抬得高出石器的價格，而孤兒依然沒有賣。

愈是這樣，人們的好奇心愈大，石頭的價格還在不斷地被要購買的人抬高。

孤兒又去找高僧，高僧說：「你再把石頭拿到珠寶市場去賣……。」

同樣也又出現了那種情況，甚至到了最後，石頭的價格已經被炒得比珠寶的價格還要高了，孤兒依舊不賣，他又去找了高僧。

高僧說：「世上的人與物皆如此，如果你認定自己是一塊不起眼的陋石，那麼你可能永遠只是一塊陋石，如果你堅信自己是一個無價的寶石，那麼你就是。」

每個人的本性中都隱藏著特定的信心，高僧其實就是在挖掘孤兒信心的潛力。

就像那位孤兒一樣，如果我們具有了自信心，就是為自己的成功生活打下了堅實的基礎。只有自信，才能夠讓我們感覺到自己的能力，其作用是其他任何東西都無法替代的。而那些軟弱無力、猶豫不決、所有問題指望別人的人，正如莎士比亞所說，他們體會不到也永遠不能體會到，自立者身上煥發出的那種榮光。

▍信心是需要培養的，一起來練習吧！

完成目標

⬇

達成自己設定的目標可以增加成就感與自信。

聚焦正面

⬇

試著將注意力放在事情的正面，不執著缺失。

自我激勵

⬇

不只等待他人認同，也應該時常自我鼓勵。

 攻略摘要

　　生活就是這樣，你不能企求盡善盡美、人人滿意。只要能使一部分人滿意就足夠了，否則，你將可能無所適從。

　　否則一旦把尋求讚許視為一種需要，要做到實事求是幾乎就不可能了。但是，如果你感到非要受到誇獎不行，並常常做出這種表示，那就沒人會與你坦誠相見。同樣的，你也不能明確地闡述自己在生活中的思想與感覺，你會為迎合他人的觀點與喜好而放棄自我的價值。

　　毫無疑問，你要在生活中有所作為，就必須完全消除需要得到讚許的心理！它是精神上的死胡同，絕不會給你帶來任何益處，我們只有摒棄「別人會怎麼樣說」的顧慮，才能樹立自信。才能形成和發展坦誠友愛的人際關係。所以，要牢牢記住：你的最高仲裁者是你自己！不要因為盲目迎合別人，而葬送了自己！

實戰應用

你是屬於容易和人打成一遍、掏心掏肺的「自然熟」類型；還是警戒心較重，習慣多多觀察的「慢熟」類型呢？不論個性為何，我們都要懂得保護自己，並培養自信，不要把重心全放在他人身上，練習擺脫患得患失的情緒。

攻略
16 勇敢做一次聰明的傻子

說明｜人生應該是積極向上的，在前進的過程中要正確認識自己的
　　　缺點，並加以改正，才能避免或者擺脫失敗，最終走向成
　　　功。請記住，失敗往往來自你自己犯下的錯誤。

運用｜不要害怕嘗試；不要害怕失敗，或者說不要害怕成功，相信
　　　自己，你有能力，也值得完成自己想做的事。

這份報告上的營業額為何和實際數字差這麼多？你們兩個解釋一下。

我才剛上任有些緊張，對公司的財務制度也不是很熟…所以……

員工A

很抱歉，這純粹是我的過失，我願意用兩個月獎金來補償。

員工B

海明威曾說：「人可以被消滅，但不能被打敗。」我們可能無法成為海明威那樣的硬漢，但我們可以做擁有傲骨精神的人。人的潛質是不可估量的，每個人都有獲得成功的能力和力量。像許多大富豪、大企業家，他們之中的很多人只念過幾年書，甚至有的還沒念過書。甚至許多偉人的出身都很卑微，像明朝的開國皇帝朱元璋，他自小窮苦，是個要飯的和尚出身，可他照樣憑藉著自己的能力成了一代偉人。

最大的敵人其實不是別人，而是你自己

只要是人就渴望獲得成功。試想一下，誰不想功成名就，誰不想擁有花園洋房、美女和跑車？但實際上，很多人都在空想著這一切，忍受著失意的生活生存著，卻不去奮鬥，不去努力，這是什麼原因呢？原因很簡單，就是他認為自己不行。他不戰自敗，總想著自己是個懦夫，一輩子也就這樣了，他們真正的敵人不是別人，就是他們自己。

林肯小的時候曾經歷過這樣一件事情，對他的人生起了決定性的作用，他在日後的演講中經常講述這個發生在自己身上的故事：他父親曾經買下過一座農場。那座農場的地上有很多石頭。他母親建議他們把石頭都搬走，但他的父親說：「那裡的石頭那麼多，而且應該搬不走，否則原先的主人為什麼會賣給我們？」有一天，父親進城買馬去了，母親就帶著林肯的兄弟姊妹們去農場勞動。她說：「讓我們把這些礙事的石頭搬走。好嗎？」於是他們就開始挖

石頭再搬開，沒過幾天的時間，他們就將農場的石頭都搬光了。因為那些石頭不是連接著山的死石，而是人為堆積的小山。假如那次他們沒有嘗試去搬石頭，那些石頭也許到現在還在阻礙著農場的建設。

林肯透過這件事明白了一個道理：一個人只有去嘗試了，才能知道事情可不可為，人不能不戰自敗。

任何一個立志成大事的人都要相信自己，只要有信心，就可以移動一座山。

有一位吸毒者，決心戒毒，從此不想再吸毒。當毒癮發作時，他就哀求家人說：「讓我吸一點吧！這是最後一次。」家人拗不過他的哀求，就給了他一點，從此以後，他每天都在戒毒，但也每天都在吸，吸的量愈來愈多，久而久之，毒沒有戒掉，反而更加嚴重，最後面對的就是死亡。這位吸毒者沒有戒掉毒癮的原因，不是他不想戒，而是在戒的過程中一次又一次地縱容自己，為自己開脫，他充當了自己最強大的敵人，也讓自己重生的希望走向死亡。

不論是工作學習，還是生活，這樣的例子實在太多。如果你能戰勝自己，也許你就抓住了機遇，成功的人可能就是你；如果你無法戰勝自己，機遇就會在你身邊溜走，失敗的就是你，你將永遠一事無成，虛度一生。

戰勝自我，對於每個人都很重要。自信、勇氣、目標是他們不可缺少的因素。

　　自信，無論你做什麼事，都要對自己有信心，特別是在失敗的時候，永遠記住「失敗是成功之母」，永遠堅信我行。如果不自信，太空梭怎會飛向宇宙；如果沒有自信，曾雅妮怎會成為世界球后，事實證明自信就是希望。

　　勇氣，是戰勝自我的又一個重要因素，名言說得好：一個成功者不在於比你會做事，而是在於比你敢嘗試，敢於創新，敢於去拼搏，敢於超越自我。

　　目標，一個成功者都有他自己的目標。沒有目標的創造者，失敗會伴隨他；瞄不準獵物的獵人，永遠沒有收穫；不懂把握方向盤的司機，永遠不會把車開好；人沒有奮鬥目標就會迷失方向，因此每個人的奮鬥目標是戰勝自我的重要因素。

　　自信可以把不可能變為可能，勇氣可以使你時代的強者，奮鬥目標可以讓你成為成功，三者缺一不可，掌握了它們，你就可以戰勝自我，甚至超越自我，成為永遠的強者。

　　成功的人選擇任何他們喜歡的行業都能成功，因為他們始終堅信自己一定成功，並毫不遲疑地按成功的方法去做。寧可被打敗，也決不選擇不戰自敗。

▌不要被自我阻礙，放下恐懼和預設立場，
　找回安全感，才不會在與人相處時患得患失。

做錯事不要找藉口

　　人生應該是積極向上的，所以在前進的過程中應要正確認識自己的缺點。只有正確認識到自己的缺點，才能避免或者擺脫失敗，最終走向成功。所以，靠人不如靠己的一個關鍵步驟，就是隨時都要勇於改正自己的缺點。

　　有這麼一個故事：西漢時期，有天漢武帝外出視察，路過宮門口時看到一位頭髮全白的衛兵，穿著很舊的衣服，站在門口十分認真地檢查出入宮門之人。於是，漢武帝就走上前詢問他。

　　老人答：「我姓顏名駟，江都人。從文帝起，經歷三朝一直擔任此職。」

　　漢武帝問：「你為什麼沒有升官機會呢？」

顏駟答：「漢文帝喜好文學，而我喜好武功；後來漢景帝喜好老成持重的人，而我年輕喜歡活動；如今您做了皇帝，喜歡年輕英俊有為之人，而我又年邁無為了。因此，我雖然經過三朝皇帝，卻一直沒有升官，慚愧啊！慚愧啊！」

顏駟幾十年沒有升職，難道真的就沒有自己的原因嗎？他歷仕三朝，換了三種用人風格的皇帝，都沒有升遷的機會，那就應該在自己身上找原因，怎麼能總是怪時運不濟呢？就好比一名公司職員，在三位上司手下工作過，卻都不能得到賞識，難道能說全是上司的責任嗎？

坦承錯誤才有向前的機會

在工作中，面對沒有完成的銷售任務或公司報表，很多人常用時間不夠、不熟悉流程、他人不肯合作等來作出一個看似合理的解釋。雖然看起來，好像很有道理，值得我們原諒。其實不然，因為這種解釋不過是這些人從潛意識中給自己的工作失誤尋找藉口，而將過失推脫掉罷了，這恰恰也是高效率合作的工作團隊中所不能夠容忍的。如果允許這種情況的存在，便是對團隊的不負責，是對整個公司的摧殘。因為，一群總是企圖解釋和尋找藉口的員工，只會帶來低下的效率與失敗的命運。

日本的零售業龍頭大榮公司中曾流傳這樣一個故事：兩個很優秀的年輕人畢業後一起進入大榮公司，不久被同時派遣到一家大型連鎖店做營業員。一天，這家店在清核帳目的時候發現所交納的營

業稅比以前多了好多，仔細檢查後發現，原來是兩位年輕人負責的店面將營業額多打了一個零！於是經理把他們叫進辦公室，當經理問到他們具體情況時，兩人彼此面面相覷，但帳單就在眼前，一切都是確鑿的。在一陣沉默之後，兩個年輕人分別開口了，其中一個解釋說自己才剛到職，所以有些緊張，再加上對公司的財務制度還不是很熟，所以……，而在這時，另一個年輕人卻沒有多說什麼，他只是對經理說，這的確是他們的過失，他願意用兩個月的獎金來補償，同時他保證以後再也不會犯同樣的錯誤。

走出經理室，開始說話的那個員工對後者說：「你也太傻了吧！兩個月的獎金，那豈不是白幹了？這種事情咱們菜鳥其實只要隨便找個藉口就推脫過去了。」後者卻僅僅是笑了笑，什麼都沒說。但從這以後，公司裡出現了好幾次培訓學習的機會，然而每次都是那個勇於承擔的年輕人能夠獲得機會。後來，另一個年輕人坐不住了，他跑去質問經理為什麼這麼不公平。經理沒有對他多做解釋，只是對他說：「一個事後不願承擔責任的人，是不值得團隊信任與培養的。」

找藉口進行解釋，實際上是通向失敗的前奏。尋找藉口只能造就千千萬萬平庸的企業和千千萬萬平庸的員工。面對失敗，你是選擇承擔責任，還是選擇找尋藉口呢？選擇承擔責任，你的路是向前的，因為責任會鞭策著你走得更遠。而選擇找尋藉口，你的路是後退的，藉口會牽引你原地踏步甚至後退。而你所要做的，想要得到的，正需要你永遠向前邁進。

認識缺點並改正它，需要靠自己的力量，這是別人無法幫你完成的，只有你敢於隨時修正自己的缺點，才會避開平庸走向成功。

「我錯了，目前想到的解決方法是⋯⋯」

承認錯誤的好處：
1. 停止浪費時間捍衛不正確的立場
2. 提高身為領導者的信譽
3. 避免為了掩飾產生謊言
4. 減輕自身的壓力和緊張感
5. 為他人承擔責任可以建立忠誠度

▎成長的第一步從勇於承認錯誤開始，若始終找藉口逃避，將永遠都無法前進。

你是在縱容自己還是毀滅自己

在這紛擾的社會中，我們不可能事事都一帆風順，要每個人都對我們笑臉相迎。有時候，我們也會受到他人的誤解，甚至嘲笑或蔑視。這時，如果我們不善於控制自己的情緒，就會造成人際關係的不和諧，為自己的生活和工作帶來很大的影響。所以，當我們遇到意外的溝通情境時，就要學會控制自己的情緒，因為輕易發怒只會造成反效果。

有時候，一個人必須適當地控制自己的情緒。能夠控制自己情緒的人無疑是成功的人，不能夠很好地控制情緒的人，往往會受

到他人情緒或行為的影響，從而決定他們的生活是充滿著快樂還是悲傷，是高興還是煩惱，是重視還是輕視。而真正強大的人是不會依賴於外在世界的，他不會把自己的喜悲表現在自己臉上，不會把內心的平靜拋給繁雜的世事，不會讓愛與哀愁左右自己的情感、態度、語言和睡眠。他會保持身心的和諧與放鬆，做自己的主人，而當他能對自己負責，也負得了責，這樣的人，才是有充分的自我控制能力。

善於自我控制、克制自己感情，約束自己的言語，控制自己的行為，心理學上稱「自制性」或「自制力」，這是意志品質的高度展現。人常常不能正確地識別事情的實質，即便是在冷靜的時候，觀察人或者事，都是很難得到正確的答案，如果這時候受到偏執的情緒干擾，那就可能出現問題了。很多人就是在自己混亂的情緒下，作了錯誤的判斷。

人生最大的敵人，不是別人，而是自己，是對自己的縱容，縱容自己就是毀滅自己。成功者之所以成功，就是因為他們總是不斷地反省，永遠自律。據哈佛商學院對 120 位成功人士的調查，發現一個共同的定律，就是他們人人都注重自律。

張伯苓是著名的教育家，他長期擔任南開大學校長。他責己嚴格，對學生的要求也是毫不放鬆。一次上課的時候，他看到一位學生的手指被煙熏得焦黃，便指責他說：「你看，吸煙把手指熏得那麼黃，吸煙對青年人身體有害，你應該戒掉它！」但令他沒想到的是，這位學生反駁道：「您不是也吸煙嗎？為什麼又來說我呢？」

張伯苓被問得說不出話來，憋了一會兒，他就把自己的煙一掰兩段，堅定地說：「我不抽，那你也別抽了！」下課以後，他請工友將自己所有的煙全部拿出來，當眾銷毀，工友覺得非常可惜，捨不得下手。張伯苓說：「不這樣做不能表示我的決心，從今以後，我跟同學們一起戒煙。」從那次以後，張伯苓就再也沒有抽過煙。

控制自己，不是一件很容易的事情，因為我們每個人心中永遠存在著理智與感情的鬥爭。「做自己高興做的事」，不顧一切地想要達到自己的目的，這並不是真正對人生和自由的追求，你應該有戰勝自己的感情、控制自己命運的能力。一個人如果任憑感情支配自己的語言、行動，那就會使自己變成了感情的奴隸。若不能自我控制，往往會使自己做下一些錯誤的舉動。

自我控制，的確是一種智慧。一個能很好地控制自己的人，可以支配自己的命運。而一個人想要很好地自我控制，極其重要的一點就是不能放縱自己的欲望，如果為了尋求眼下的滿足，而以犧牲未來為代價的話，那麼這種代價所導致的損失，將是終身都無法彌補的。所以，及時的自我控制是非常重要的。

從另外一個方面來看，一個成功的人在與他人交往的過程中，總是習慣地運用求同存異的智慧。而能夠自如地運用求同存異的智慧的人，肯定是一個有高度自我控制能力的人。自我控制，就是能合理地控制自己的情緒、行為、語言，就是不排斥他人不同的觀點、意見、習性等，要做到自我控制，關鍵的一點就是要多思考，多包涵，充分運用求同存異的交際藝術，妥善地處理自己與他人的

關係，從而獲得人生最大的快樂。

在與別人交往、相處的過程中，你要時刻記住「求同存異」的概念，就是尊重每一個人的獨特性，如果你不允許別人與你不同，拒絕與他人在交往時求同存異，那麼最終你只會讓自己孤立無援。

▌在英文當中「縱容」與「毀滅」是同一個字，
要拿回人生主導權前，必須先停止縱容自己。

別讓懶惰成為你的習慣

懶惰可說是成功的大敵，有很多人就是因為懶惰而導致終生沒有任何成就。所以，要想自己的人生取得成功，就一定不能被懶惰拉下水。

懶惰是一種習性，更是長期養成的，這都跟人貪圖舒適享樂的習性相關。懶惰的最大壞處就是把時間浪費了，而人生最寶貴的就是時間。

　　浪費時間，有兩種方式。一種是主動浪費，一種是被動浪費。所謂的主動浪費，是指由於自身的原因而造成時間的浪費。譬如說，你明明知道睡一覺，時間就會白白地逝去，可是你偏偏還是要睡一覺。所謂的被動浪費，是指由於他人的原因或突發事件而造成的時間浪費。比如說在工作時，同事與你閒聊了兩個小時，這兩個小時就是被動浪費。

　　人都是有惰性的。睡在陽光下，就會暖洋洋地不想起來；坐在樹蔭下聊天，就會不願工作，或在娛樂場所中流連忘返，就會致使好多應該做的事情沒有做，這也使得好多本應成功的人變得平平淡淡，其罪惡之首，就是懶惰。懶惰是一種習慣，是人長期養成的惡習。這種惡習只會導致一種結果，那就是使人躺在原地而不是奮勇前進。因此，要想取得一定的成就，就要改掉這種惡習。

　　舉凡成功的人都克服了自己的懶惰。雨果為了專心寫作，把外衣鎖進衣櫃，為的就是讓自己專心寫作，不讓社交活動時間來讓自己有藉口偷懶。這樣的例子很多很多，但是有一點是共同的，就是每位成功人士的成功，都和他們的勤奮分不開。

　　懶惰人人都會有，但是為什麼在實際的生活中，還是有勤勞的人呢？因為這些勤勞的人心裡都有一條準則，正是這個準則讓自己不要懶惰，變得勤快。所以我們不妨給自己施加一些壓力，給自己制訂一套不再變懶的計畫。

　　如果我們能把一天的時間排得滿滿，這就能促使你盡最大努力地投身到工作中去，你就會在忘我的工作中改掉懶惰的惡習。

你一定聽過「在家靠父母，出外靠朋友」這句話，但這也是很多人養成依賴心理並導致懶惰的根源。如果把你放在一個遙遠的地方，讓你在陌生的環境中生活，那麼相信你就會逼得自己不得不自食其力，改掉懶惰的習慣。

　　想要改掉懶惰的習慣，還得做到遇事不拖拉。有的人在工作中，稍有壓力就放下不做了，或等到明天再做，這樣一拖再拖，就有很多事情被耽誤了，而時間卻也在悄無聲息中流失。如果你有這樣的習慣，那就是在浪費自己的生命。

　　許多人的拖拉，是因為已經形成習慣。對於這樣的人，無論用什麼理由，都不能使他自覺地放棄拖拉的習慣。因此，這就需要重新訓練，培養他們良好積極工作的習慣。一個人再怎麼拖拉，事情到了非做不可的時候，他也就不得不做了；就像房子著火了，他就不得不迅速逃生一樣。只要明白工作的重要性，他就不會再拖拉下去，以免造成危害和其他人的不滿。

　　天道酬勤（意指：上天會按照每個人付出的勤奮，給予相應的酬勞），只有改掉懶惰的習慣，讓自己的生活豐富、工作效率提高起來，這樣，你的人生就會變得美滿。

▍懶惰是一種天性，要想擺脫這項惡習，需要一點小練習。

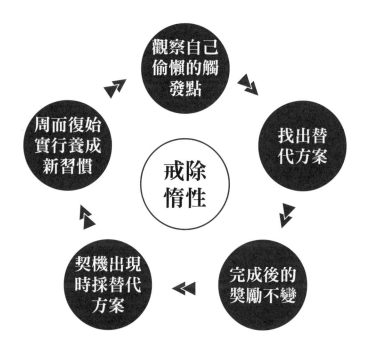

　　如：每次讀書一個小時就會起身吃餅乾、看電視，原因可能是此時注意力開始渙散，我們可以將吃餅乾、看電視的動作改為伸展10分鐘身體，也就是放鬆的獎勵不變，只是改變觸發後的動作，循序漸進改變習慣。

自律可以加固你自己的防線

　　自律指的是，在那時刻是想法決定你的行為而非你的感情。在對你的一生有很大影響的大事面前，自律常常意味著犧牲樂趣和避

免一時的衝動。對許多人來說，自律是一個討厭的詞，因為它意味著沒有自由。但是不懂得自律的人，就只會是情緒、欲望和感情的奴隸。

人類在空間和時間中生存，空間容納人，時間改變人。很多人做不好事情，就是沒能利用好時間。你應該把計畫要做的事，結合你的個人情況，做一個統籌的安排。但要做好這件事並不是那麼容易，往往人們不但不明白自己要做哪些事，而且還不明白在什麼時候，該用多長時間來做某件事。如果把很多事和有限的時間充分地融合在一起，事情做好了，時間也沒白白浪費，你就可有時間來工作、遊戲、休息。當我們能控制時間時，自己的一切也將隨之改變。

在平時的生活中，你要時時提醒自己自律，有意識地培養自律的精神。比如，針對你自身性格上的某一個缺點或不良習慣，就要限定一個時間期限，集中糾正，這樣會取得較好的效果。千萬不要縱容自己，給自己找藉口。對自己嚴格一點，時間長了，自律便會成為一種習慣，一種生活方式，你的人格和智慧也將隨之更完美。

例如有點生氣的時候，不妨先在心裡從 1 數到 10，然後再開口說話。萬一很生氣的時候，就不妨等數到 50 再說話，要是真的十分生氣時，就數到 100 再開口。對一個人感到憤怒時，還可以試著轉移目標，想一些開心的事情，或者在心裡暗罵對方，哪怕罵得再難聽，用詞再不當，也沒關係，但千萬不能說出口。

如果這樣你都能克制住，等離開爭執現場後，不妨再找一個空曠無人的地方，大罵對方，這種方式也挺有效。你會發現罵完後，

你的心情會好許多；當然你也可以找朋友或家人傾訴。一般來說，愛吐苦水、愛哭的人，都能有效地舒緩憤怒。不過，最理性的也是最有效的方法應該是換位思考，理解對方。只要站在對方的立場上想一想，相信就可以平息憤怒。

人們只有有效地控制自我的意識，他才可以真正地放鬆自己，真正地收放自如，真正做到無論什麼情境下，都可以輕鬆入睡。現代人很多睡不好覺的主要原因，就是無法控制自己的思想，任由各種思想縱橫心中，難以使它們很快地安靜下來。

人，有些自我意識實際上是件很正常的事，但如果太過強烈，就會為其所累。很多時候，一個人是有必要忽視那些與手頭無關的事物，比如利益的得失、陰霾的過去、窗外的噪音、他人的議論等等。事實上，如果一個人精力充沛，具有能屈能伸的性格，那麼他既不會驕傲也不會虛榮，而是平靜地生活著，不受悲哀和妒忌等情緒的折磨，原因是他學會了駕馭和控制自我感情的方法，從而逃避了自我感情容易帶來的折磨。

成功其實就是管理自己，過去我們總以為成功是要能管理別人，這是錯的。因為當你都不能管理自己的時候，你便失去了所有領導別人的資格和能力。當一個人想要走向成功，千萬要先把自己管理好，管理好自己的行為。能管理好自己，便稱之為自律，唯有管理好自己才能取得領導的資格，才能在組織中成為最好的成員。

其他成員中或多或少會有些放縱者，而你卻是其中最好的成員，所以大家會信任你，會把希望寄託在你身上，所以你想要成功

嗎？那麼首先就要能管理好自己，畢竟現在自律總比到時後悔的代價要低。

這是成功的要件，也是維持成功的不二法門。我們聽過很多業界領袖都過著極為克己的生活，這並不代表他們不懂得享樂，而是通過遵循自己訂下的原則，取得財務自由、享樂的自由。當你漸漸習慣抵抗誘惑，生活就不再只是種痛苦的忍耐，而是具有遠見和空間的美好藍圖，也能為你的人脈打下更堅實的基礎。

▎通過自律才能達到真正的自由。

攻略摘要

　　有些人胸中隱藏著高遠的志向抱負，表面上卻顯得很「無能」，這正是他心高氣不傲、富有忍耐力和成大事、講策略的表現。這種人往往能高能低、能上能下，具有一般人所沒有的遠見卓識和深厚城府。

　　一個人，無論你已取得成功還是仍在努力，其實都應該謹慎平穩，不惹周圍人不快；尤其不能得意忘形、狂態盡露。特別是年輕人初出茅廬，往往年輕氣盛，這方面尤其應當注意。因此心氣決定著你的形態，形態影響著你的事業。

　　只有對自己的成就發生疑問的人，才愛在人家面前吹牛，以掩飾那些令人懷疑的地方。一個真正成功的人，是不必自我吹噓和炫耀的，因為你的成績和成功，別人會比你看得更清楚，而且會記在心上。

　　所以說，懂得得勝不驕，有功不傲的人是真正懂做人、會做事的人，他們會因此成為強者，成為前途平坦、笑到最後的人。

不論什麼時候，永遠不要以為自己已經知道一切。

—— 巴夫洛夫（Ivan Pavlov）

經營人脈方法大調查！
那些隱藏在細節中的陷阱題

我們以為自己積極社交、友善待人就會有源源不絕的貴人來幫助我們，卻往往不知不覺落入了盲點。使用錯誤的方式與態度，比什麼都不做來得更糟，現在就來檢查看自己是否無意中踩中了地雷吧。

為了快速擴展人脈，在活動中和許多人交換名片，結束後馬上傳 E-mail 問候對方，但為了提高效率，內容統一成問候公式，只修改了收件人的姓名。

通常德高望重、具有真才實學的人才都不想被「經營」，經驗豐富的他們一看就知道，這樣的手法只是想攀關係，可能平時都不會聯繫，只有需要用到自己時才格外熱絡，這樣的人對他們而言沒有必要深交。

我們在結識他人的時候，要記得以誠相待，交朋友不是利益交換，況且用粗糙的問候包裝一顆從自身利益出發的私心是很容易被看穿的。因此，想要得到珍貴的人脈，你得先細心觀察對方、平時就保持聯繫，並不求回報地付出，才有可能繼續發展這段關係。

至於如何自然地保持聯繫呢？你可以藉由多人的聚會，創造定期見面的環境；或在對方有需要時，提供自己的資源，都是維繫感情相當好的方法。

認識新朋友後我們通常會交換聯絡方式，以方便後續見面或合作。為了迅速拉近彼此的關係，因此將私人的社群帳號也分享給對方，下次談話時就能依照他的近況開啟話題，並更了解彼此有什麼需求。

現在展現自己的平台有很多，除了一般的 E-mail 和通訊軟體（如 LINE、Skype、WeChat）外，也有相當多人將社群軟體（如 Facebook、Instagram）等當作品牌經營，但要注意公事與私人的分界，尤其像社群軟體主要還是以分享個人心情的功能出發、設計，很容易就模糊了與人的距離。

通訊軟體的部分也需要小心，如果公事與私人為同一個帳號，那除了要留意傳達的形象外（例如一個嚴肅的投顧經理，頭貼卻是穿著邋遢的樣子，就可能讓人對他的專業度打折扣），還有注意人事的分類，若是不小心誤傳了訊息，尷尬鬧笑話事小，要是造成誤會或傷害就非常嚴重了。因此你可以選擇將公事和私事的帳號分開，並時常整理、更新、分類，才能更有效、安全地經營人脈。

國家圖書館出版品預行編目（CIP）資料

圖解大人的人脈學：靠關係就能佔先機的
16個生存攻略 / 吳睿政著. -- 初版. -- 臺北
市：易富文化, 2020.03

　面；　公分

ISBN 978-986-407-141-8(平裝)

1.人際關係 2.成功法

177.3　　　　　　　　　　109000751

書名 / 圖解大人的人脈學：靠關係就能佔先機的16個生存攻略

作者 / 吳睿政

插畫 / 王湘婷

發行人 / 蔣敬祖

出版事業群總經理 / 廖晏婕

銷售暨流通事業群總經理 / 施宏

總編輯 / 劉俐伶

視覺指導 / 姜孟傑、鍾維恩

排版 / 黃雅芬

法律顧問 / 北辰著作權事務所蕭雄淋律師

印製 / 皇甫彩藝印刷股份有限公司

初版 / 2020年3月

出版 / 我識出版教育集團──易富文化有限公司

電話 / (02) 2345-7222

傳真 / (02) 2345-5758

地址 / 台北市忠孝東路五段372巷27弄78之1號1樓

網址 / www.17buy.com.tw

E-mail / iam.group@17buy.com.tw

facebook 網址 / www.facebook.com/ImPublishing

定價 / 新台幣299元 / 港幣100元

總經銷 / 我識出版社有限公司出版發行部

地址 / 新北市汐止區新台五路一段114號12樓

電話 / (02) 2696-1357 傳真 / (02) 2696-1359

地區經銷 / 易可數位行銷股份有限公司

地址 / 新北市新店區寶橋路235巷6弄3號5樓

港澳總經銷 / 和平圖書有限公司

地址 / 香港柴灣嘉業街12號百樂門大廈17樓

電話 / (852) 2804-6687 傳真 / (852) 2804-6409

2011 不求人文化

I'm 我識出版集團
I'm Publishing Group
www.17buy.com.tw

2009 懶鬼子英日語

2005 意識文化

2005 易富文化

2003 我識地球村

2001 我識出版社

2011 不求人文化

2009 懶鬼子英日語

I'm 我識出版集團
I'm Publishing Group
www.17buy.com.tw

2005 意識文化

2005 易富文化

2003 我識地球村

2001 我識出版社